公教育計画研究　11

特集：公教育計画の現代的諸課題

公教育計画学会・編

2020

第11号の刊行にあたって　中村　文夫　004

特集１　教職員論

教職員論　企画趣旨　公教育計画学会年報編集委員会　010

岩手県の県立学校の現状から見た「事務職員の多忙化」
——教職員の多忙化の抜本的解決の方法に向けて　加藤　忠　012

スクールカウンセラーから見た教員の姿　熊谷　由紀　026

特集２　高等教育論

高等教育政策の現在と課題　大内　裕和　042

公教育計画学科会第11回大会　公開セッション・公開シンポジウム報告
——2019年６月16日（日）於：石川勤労者福祉文化会館
（フレンドパーク石川）

【公開セッション】「教職員への統制強化に抗する」

報告１　教員の多忙化への対応を通じた統制　田口　康明　059

報告２　学校多忙の現状とこれから
——先生と子どもたちの笑顔のためにできること　山口　俊哉　065

【公開シンポジウム】「自由な授業・学校を目指して」

分けた場での教育が追求されている
——インクルーシブ教育を阻む行政の姿勢　徳田　茂　068

現場では、教育の自由が奪われている　北川　茂　073

「解雇自由」と「解雇４原則」　田村　光彰　075

基調報告を再考する　大森　直樹　079

教育現場への統制強化の中で
——公開セッション・シンポジウムに参加して　古河　尚訓　080

投稿論文

国際共通語としての英語を見据えた英語教育
——複言語・複文化主義の理念から　五十嵐　卓司　084

研究ノート

不登校の子どもの自己教育運動　日下部　倫子　102

公教育計画学会第 8 回研究集会
「地域と公教育の行方」
——2019年 3 月16日　於：名古屋外国語大学K館508教室
地域社会に開かれた教育課程とは
——現代日本の教育政策の論理を探る　元井　一郎　119
新自由主義的な教育政策に対抗する現実的な手法について　戸倉　信昭　125
「子どもの危機」に学校・地域はどうかかわるのか　住友　剛　131

統計資料と解題
非正規教職員の実態とその考察（5）
——2018年度文部科学省教職員実数調から実態を考察する　武波　謙三　144

書評
大内裕和著
『教育・権力・社会——ゆとり教育から入試改革問題まで』　中村　文夫　168

大森直樹著
『道徳教育と愛国心——「道徳」の教科化にどう向き合うか』
福山　文子　171

相庭和彦著
『現代市民社会と生涯学習論——グローバル化と市場原理への挑戦』
中西　綾子　174

堀正嗣編、栄留里美、久佐賀眞里、鳥海直美、農野寛治
『独立子どもアドボカシーサービスの構築に向けて』　二見　妙子　177

宮澤弘道・池田賢市編著
『「特別の教科道徳」ってなんだ？
——子どもの内面に介入しない授業・評価の実践例』　福山　文子　180

英文摘要　Robin E. Sowaden　184

学会動向・学会関係記事
——会則・事務組織・年報編集規定等　190

編集後記　197

第11号の刊行にあたって

新型コロナウイルスの感染拡大と学校制度のゆくえ

2019年12月に中国武漢市ではじまった新型コロナウイルス（COVID-19）の世界的な感染拡大は、欧州、アメリカ合衆国へと広がり、大都市を中心に大爆発を引き起こしている最中である。2020年６月18日、世界の感染者数835万人、死者45万人、日本の感染者数１万7689人、死者935人に達している。

中世のペスト流行にさかのぼるまでもなく、約100年前の1918年のスペイン風邪の実態さえ戦時中であることをもって今になるも解明しきれていない。当時は、ウイルスの存在は発見されていなかった（後にA型インフルエンザウイルスによる流行と解明）。ワクチンもないなかで第１次世界大戦の欧州戦線では両軍兵士が塹壕の中で次々と倒れていった。世界中に広がり感染により約４千万人が死亡したとされた。集団感染を防ぐために学校閉校などの措置もおこなわれている。最も被害が大きかったのは英国植民地であったインドである。全人口の２％、500万人が亡くなっている。その中で、日本でも全人口の三分の一が罹り、38万５千人が死亡した。３年後の関東大震災での死者・行方不明者14万人と比べても、人的被害が多い。しかし、肺結核などの呼吸器系疾患に侵されて亡くなる国民が多数であった時代であるため注目されなかったという悲しい歴史がある。

学校制度の発足まもなく、感染症予防をはじめ学校衛生に携わる学校医制度が、しばらくして学校看護婦（養護教諭の前身）の配置も始まっている。スペイン風邪においては多数の学校の閉校措置が日本でも行われ、手洗いの励行、マスク着用の推奨が記録されている（『流行性感冒』（内務省衛生局））。いまとほとんど変わらないことに驚かされる。

2002年に中国広東省から発生したSARS、2012年に中東地域を中心に発生したMERSなどのコロナウイルスの一種である新型コロナウイルスの急激な感染拡大は、地球上をくまなく覆う新自由主義的なグローバリズムがもたらしたものである。地球規模の環境破壊により掘り起こされた新種のウイルスが、温暖化の影響、極限まで達したヒトとモノの交流に乗って瞬時で拡散されていく。このウイルスが人類に１波、２波と繰り返すことで定着すると、また新たなウイルスが人類にとりつくのだろう。

予防のためのワクチンも治療薬も開発中のために、接触を避けて感染から逃れるほかにすべはないというのは、21世紀になってもペスト以来の対処法である。社会の発展、科学技術の発達は、人々にはたして幸せをもたらせたのか、一概に断定できない事態が生じている。「今だけカネだけ自分だけ」の幸せに、疫病神もついてきたのではないのか。

現在進行中の危機にあって、最終的に学校制度にどのような変容をもたらすか予断が許さない。「コロナショック」は2020年２月27日の安倍首相による「全国一斉休校」の要請からはじまるのは象徴的である。設置者の権限を無視した、この突然の要請は、100年後までも学校制度が残る限り言い伝えられるべきことである。日本の学校は学校医制度もあり、また専任の養護教諭も配置されているという優れた防疫環境である。他の公共施設あるいは家庭よりもより安全な施設環境にある。しかし、地域ごとの感染拡大と社会的な影響との分析も説明のないままに、ある日、全国の児童、生徒、学生は、一斉に学び舎から放り出されたのである。それほどまでに学校制度が軽く見られたことは、日本の近代学校制度以来なかったことである。それも安倍首相の個人の資質である以上に、後述するように時代思想のなせる業である。その後は泥縄式に、脈絡もなく後付けの対処が打ち出されてきた。

その間、世界中で都市封鎖が行われても感染拡大の猛威は容易に収まらず、病院が不足し、治療もされずに死を待つ人々、次々と感染する医療従事者、そして医療崩壊。火葬場に列をなす搬送トラック、感染をおそれて道路に放置された棺桶、ついには葬儀を禁じる国も現れている。治療も受けられず、だれにも看取られずに人々は順番を待つかのようである。これらをＴＶ上で経過報告のように見ることを、大人も子どもも強いられる状態が続いている。

突然に学業から放り出されて、子どもたちも友人とも会えない状態が今日まで続いている。日本の住宅は「ウサギ小屋」と欧米人から冷笑されるような狭小住宅である。そのなかに、安倍首相によって放逐された子どもたちだけではなく、失業あるいは在宅勤務を強いられた大人たちがたむろしている。高齢者は重症化するといわれ、喉から人工呼吸器のチューブを入れられた映像を見せられ、部屋の片隅でうずくまっている。ストレスからの家族内のいさかいや暴力も目立ってきている。

そんな中、学校を休校しても学業を継続する有効な手段と称してオンライン教育が、泥の中から文科省によって縄として選ばれた。すでに政財界、経済産業省、文部科学省は、教育の情報化、産業化を、この20年間積み上げてきていた。2018年度から３人に１台を目標に５か年計画でICT教育環境設備がはじまっている。さらに2019年12月の2019年度補正予算によりGIGAスクール構想として、１人１台を実施する計画が浮上し、2020年度補正では年度内実施が進められている。地方自治体は大小規模を問わず財政悪化している。このGIGAスクール構想が強行されれば、それ以外の教材教具への財源確保が困難になる自治体がでてくる。教育の情報化は、初期投資だけではなく更新がくりかえされる金喰い虫なのである。（参照：中村文夫「ICT教育は教育スタンダードになるか？　教育行財政からの疑念」『世界』５月号）

首都圏では都市中間層の保護者が多く、「個別最適化された学習の効率化」に親和傾向が強い場合には、ICT教育が効率化の有力な道具として認識される。その地域には、IT企業とタイアップした実証実験の学校がみうけられる。地場産業が衰退し過疎化が進む地域でも、新奇の衣装としてのICT教育化幻想にとりつかれる。それは、学校統廃合をして小中一貫の義務教育学校をつくることで延命を図る姿と同じく危うい。すでに多くの過疎地域で学校統廃合は、距離的、あるいは離島という地理的条件で限界に達している。そこでは、無学校地域での公共施設にICT教育環境を整え、遠隔教育（学校間オンライン学習）を選択する構想が広がっている。

21世紀になり公教育は、公設公営を維持して教育機会の平等を地域で保障していくという意欲も財源もからも見放されている。時代思想は、公教育と学校制度をイコールとは見なくなっている。そのうえ公教育、私教育の垣根は解消されつつある。

そこに現れたのが、「コロナ休校」である。社会の不幸を逆手にとって、オンライン教育のブームがにわかに起きている。それは世界的な教育現象である。中国通信社ＣＮＳ（2020年２月10日）によれば、新型コロナウイルス対策として中国教育部は約二億七〇〇〇万人の児童・生徒・学生に対して、2020年春季の授業開始を遅らせると発表、インターネットを利用した情報化教育を提供し、「授業は中止、勉強は中止とせず」とした。こうして企業による顧客獲得合戦を繰り広げる一大市場が作られた。

コロナ休校中の救世主とされたオンライン教育先進国のフランスの粗末な現実はあまり知られていない。フランスでは、オンライン授業や、保護者が印刷できる課題を電子メールで送信するなど、さまざまな遠隔学習プログラムが提供されている。にもかかわらず、今年度、小学校および中学・高校に登録されている児童・生徒の約1200万人のうち、最大96万人が学習を継続できていない恐れがある。背景にあるのはインターネットやプリンターなどがない家庭の存在である。（2020年３月31日 22:09AFP）

この間、オンライン教育やICT教育を求める文部科学省、与党、関連業界、教育関連研究者やＴＶコメンテーターからの声が相次いでいる。フランス、アメリカ（一部の州）の事例を持ち出して導入を煽り立てている。冷静になって、考えてみよう。

１、日本の子どもの貧困率は７人に１人と先進国でも最悪の部類に属している。PCや高速通信網がない家庭、地域は多い。貧富の格差を無視し、助長させるものである。

２、日本の住居は狭小。学習机がない家も普通にある。子どもが複数いる場合は、さらに大変だ。どこにPCを設置するのか、学習に集中できる環境を思い描けない家庭もあるだろう。

３、デジタル学習ソフトは未完成品である。デジタル教科書は無償化されていない。いわば、補助教材の扱いである。学習ソフトがあるとしても紙のドリルをデジタル化したもの。それなら紙で十分である。

４、小中学校の教員は双方向の授業をできる段階にはいない。双方向の通信で、顔が見てあいさつ程度はできても、指導ができる教員は少ない。教員の資質として、それをこれまで求められてこなかった。遠隔教育を想定した教員採用試験ではなかったし、在職研修も受けていない。

５、個人用なので、セキュリティ環境も不揃いになる。無線LANの場合は筒抜けになる可能性が高い。知られたくない家庭環境も映像処理によっては、拡散するかもしれない。重要な学習履歴・評価の管理は、どのように考えているのか明らかではない。費用負担も課題である。

６、デジタル依存の自学自習ができるなら学校も教員もいらない。学校教育も易くみられたものだ。疫病対策を高めれば学校こそが快適な学習環境になる。社会で共存していくために必要なコストを人々が払う意思があるか、それが今後の一大焦点となる。

教育機会の平等と地域を維持し発展させることは一体である。津々浦々にある市区町村立の義務制の学校（都道府県立高校も）を維持していくことが大切である。だが、新自由主義の教育政策は、公設民営学校と教育バウチャー制度に象徴される公教育の市場化だ。2020年代はそれが、ICT教育というツールによって実現可能性が高まっている。新型コロナウイルスの感染拡大への対処が、これからの学校制度のゆくえを左右している。

2020年６月20日　公教育計画学会会長　中村文夫

特集 1：教職員論

特集１：教職員論

教職員論　企画趣旨

公教育計画学会年報編集委員会

今回の特集１では、公教育計画の議論に関わって議論すべき喫緊の課題である教職員（学校教職員）論を設定することにした。これまで、教職員に関する諸議論は、教員を中心に設定した理論構成を当然のごとく前提としてきた。本号の特集１では、そうしたこれまでの議論の枠組みを少しずらすことを企図して、学校という労働現場を教員とともに構成している学校職員の立場からの論及を通して教育労働の現実（そこには教員と関係や立場の違い等々）を明らかにしてみよと考えた。

ところで、周知のように、「学校における働き方改革」は、2016年の教員勤務実態調査を契機に、翌年、文科大臣から中教審へ諮問し、それに対して中教審は、昨年（2019年）１月に答申「新しい時代の教育に向けた持続可能な学校指導・運営体制の構築のための学校における働き方改革に関する総合的な方策について」をだしている。この答申を受け、文科省は「公立学校の教師の勤務時間の上限に関するガイドライン」（2019年１月25日）を策定し、学校教員の多忙化解消への対策に乗り出している。さらに中教審答申を踏まえて、文科省は、昨年12月には「給特法（公立の義務教育諸学校等の教育職員の給与等に関する特別措置法）」の一部を改正している（2019年12月４日）。指摘するまでもなくこの改正は、学校職員の働き方改革に関わり文科省が策定した勤務時間の「上限ライン」に関して法的根拠を持たすこと、さらには年単位の変更労働時間の採用など、教職員のこれまでの労働環境の変更を実行する内容を持っている。しかし、こうした「学校の多忙化」の解消を目指す政策において語られる教職員とは、多くの場合、絶対的多数を構成している教員のことであることは指摘するまでもない。

しかしながら改めて指摘するまでもなく、1990年代後半以降の教育政策においては、教職員の多様化という方向性が主要な教育労働政策の基本となっている。つまり、学校という労働現場は、様々な職種によって構成されているのであり、多様な教職員が現存することを意味する。

2015年の中教審答申「チームとしての学校の在り方と今後の改善方策について」（2015年12月21日）は、教職員の多様化をより広範に進展させていくという政策の方向性を示したものであり、現実の学校の多様な教職員の構成を前提として拠職員組織の一体化を企図しようとする政策文書である。文科省の教職員政策においては、学校教職員の多様化は認めているところであるにもかかわらず、教育労働あるいはその環境に関わる議論は、教員を軸に議論され、政策が策定される構造のままとなっている。

喫緊の学校を取り巻く課題とされている「学校の多忙化」の解消は、単に学校教員の職務の多忙化を解消のみが課題ではなく、学校組織における多忙な教育労働全体に関わる重大な課題なのである。まさに、学校をめぐる喫緊の課題への対応においても学校という労働現場の構造を教員という存在を基軸として捉えていない論理の課題が垣間見えるのである。学校制度を取り巻く社会的な変容は、学校に教員以外の多様な職員（労働者）が配置されることを当然のごとく受容してきた。しかし、教職員論は、これまでと同様に教員から見た教職員論を基軸とした論理構成のままである。学校という職場は、多様な職種の職員・労働者により構成されていながら、依然として教員から構想される教職員論であることは現実を精確に捉えることにならないのではないのか。

そうした現状を前提に、今回の特集１は、教員以外の職種の職員が教職員という在り方をどのように考えるのか、より具体的には「学校の多忙化」という現実にどのように取り組み、業務に関わり教員との間の様々な角逐をどのように超克するのか等を客観化するための一つの試みとして設定したのである。

同時に、特集１の設定には、公教育計画に関わる今後の新たな理論研究に向けた議論のための序論に位置づけたいという編集委員会の思惑がある。具体的には公教育と教育労働論に関わる理論の再考と深化という課題に向けた新たな理論的挑戦ということである。指摘するまでもなく、現代公教育体制における教職員は、専門的職業的分化した職業人として組織化される存在である。その結果、教育労働は職種間の分断が常態化する。こうした教育労働の現実を精確に捉え、新たな教職員論、教育労働論の構築への理論的研鑽が求められていると私たちは考えている。

（文責　元井一郎）

特集１：教職員論

岩手県の県立学校の現状から見た「事務職員の多忙化」
――教職員の多忙化の抜本的解決の方法に向けて

加藤　忠

「教員の多忙化」が叫ばれて久しく、昨今は国や自治体を挙げて「働き方改革」に躍起であるが、その受け皿の一つにされそうな状況の学校事務職員も、実はかなり多忙な環境にある。今回は、近年の学校事務をめぐる特徴的な実態を中心に述べていきたい。

１．マイナンバー制度が学校事務室にもたらした多忙化

まず、最初にマイナンバーの運用により県立諸学校での業務の手間暇が増えていることを指摘しておきたい。

（１）マイナンバー利用による学校事務職員の多忙化

学校における、特に生徒のために利用するマイナンバー関連の業務は、以下のとおりである。

１）高等学校就学支援金…生徒の両親の所得に関係
２）高等学校奨学のための給付金…同上
３）特別支援教育就学奨励費（以下「就学奨励費」という）…児童生徒の世帯を構成する家族全員の所得に関係

マイナンバーは、特定個人情報に位置付けられ、その取扱いは、「個人情報の保護に関する法律（以下、「個人情報保護法」と略）」の中で極めて慎重かつ正確に取り扱わなければならない重要情報に位置付けられている。

そして、厳重かつ正確な管理や取扱を求められることと、そのため、その情報を視認できる者は法制度上において特定されている。これは、「個人情報保護法」の第15条で定める「個人情報取扱事業者は、個人情報を取り扱うに当た

っては、その利用の目的（以下「利用目的」という。）をできる限り特定しなければならない。」（同条第１項）、さらには、同条第２項で、「個人情報取扱事業者は、利用目的を変更する場合には、変更前の利用目的と関連性を有すると合理的に認められる範囲を超えて行ってはならない」と規定されていることに基づく措置である。当然ながら、事務処理業務において取得したマイナンバー（特定個人情報）は他の目的のために転用できない。

現在、岩手県の県立高等学校で３種類の業務（生徒の就学支援金・奨学給付金、職員の年末調整）、県立特別支援学校で２種類の業務（幼児児童生徒の特別支援教育就学奨励費、職員の年末調整）がマイナンバーを用いて行われている。それらの業務に当該情報（マイナンバー）を横断させないように個人情報保護法で定められている取扱担当者を個別業務ごとに置こうとするならば、そもそも少人数の組織でしかない学校事務室・職員からは各業務に１名ずつしか任命できないこととなってしまうのである。なぜなら、取扱担当者を業務ごとに個別化していなければ、結果的に一人の業務担当者がマイナンバー情報を複数の業務に横断的に使用しているとみなされてしまうことになってしまうためである。そのため、人数の限られた学校事務職員はマイナンバーを利用する業務により、極めて多忙な業務環境に置かれることになることは必然である。

以下では、マイナンバー利用による業務が、県立高等学校、特別支援学校でどのような問題を発生させているのかを概観しておこう。

（２）マイナンバー利用による問題点――県立高等学校の場合

最初に県立高等学校における具体的な問題点等を指摘し、それに関連する多忙な状況を概観していきたい。

岩手県の県立高等学校事務職員の配置は、多くても５名である。先に挙げたとおり県立高等学校で３業務へ３名、県立特別支援学校では同様に２名の担当者を個別に任命しなければならない。しかし、岩手県の県立高等学校では、64校のうち、事務職員が１名しか配置されていない学校が１校、２名が21校と、全体の３分の１に当たる22校が個人情報を法令どおりに遵守することを可能とする人数は配置されていない。事務職員３名配置の学校（16校）を含めれば38校という過半数の県立学校で本来客観的な立場から業務を統括すべきである事務長も当該業務を担当しなければ、法定化された体制を担保できない状況におかれているのである。したがって、法定条件を満たすことができない学校に

＜就学支援金等の申請――給付のマイナンバー

	マイナンバーを利用しない場合（課税証明書等を利用） ：生徒数500名の県立高等学校
事務手続きのプロセス	1）就学支援金の申請書類及び両親の課税証明書等の提出について通知 2）同収集（約１カ月） 3）提出された課税証明書等に基づく審査及び決裁（約３週間） 4）就学支援金受給決定書の作成（決裁）及び通知（約１週間） 5）非該当者のみ授業料口座振替システムをオンに登録変更（１日） ※年度当初は、全生徒が「授業料オフ（就学支援金の該当者）」と登録済。 6）非該当となった世帯に、年度当初から決定までの間の授業料督促 7）奨学給付金の該当世帯のみに奨学給付金の申請書類の提出について通知 ※上記3）の段階で、奨学給付金の該当世帯をピックアップしているため。 8）同収集及び決裁（約２週間） 9）給付事務手続き～給付（２週間）
処理期間	※1）～9）まで約３カ月
所見	上記の方法を取れば、2020年度から開始される、大学生のための給付付き奨学金（返還不要）の事務手続の際も、事務室から各担任を通して該当者への事前周知が可能となり、その結果、大学等受験生の志願先の選択肢が増えることに繋がるメリットも生まれる。

利用有無による事務処理期間の比較>

マイナンバーを利用した場合（課税証明書等は不要） ：生徒数380名の県立高等学校
1）就学支援金の申請書類及びマイナンバー利用申請書類の提出について通知 ※マイナンバーを記した書類を封入するための封筒も作成し同封（約１ヵ月） 2）収集した申請書類等を封入のまま決裁のうえ、県教委へ送付（約３日） 3）県教委での審査（マイナンバー情報の照合；約1〜2ヵ月） ※県教委の担当者による確認手続により約２週間ごとに判定更新通知が入る。 4）就学支援金受給決定通知の作成（決裁）及び通知（約１週間） 5）就学支援金の非該当者のみ授業料口座振替システムをオンに登録変更（数日） ※判定情報が更新される都度、必要に応じた登録変更を行うもの。 6）就学支援金受給決定書の作成及び通知 （１日；ただし県教委の判定の都度） 7）非該当となった世帯に、年度当初から決定までの間の授業料督促 8）納税手続が未了の者について、判定不能通知 （上記７）と同時期） 9）上記8）の該当者へ納税手続のはたらきかけを通知（１日） 10）手続完了の通知が成されない世帯へ督促（1〜3週間） 11）該当者全ての手続完了を確認のうえ、県教委宛再申請 12）県教委による再判定（約２週間） 13）就学支援金受給決定書の作成及び通知 （１日；ただし県教委の判定の都度） 14）非該当となった世帯に、年度当初から決定までの間の授業料督促 ※上記7）より１カ月超遅れるため、債務は多額となり納入困難になり易い。 15）奨学給付金の申請等について、上記の1）〜5）を再度手続等 ※就学支援金と別の担当課となり、再度全生徒の審査をする必要が生じる。 16）奨学給付金の該当世帯へ決定通知書を作成（決裁）及び通知（３日） 17）奨学給付金の支給（約２週間）
※1）〜17）まで最長約８カ月
ただし、２学年（当該年度の１・２学年）分については、翌年度も引続き入力

執筆者（加藤忠）作成

おいては、法規範をある程度逸脱するような状態を前提にして、極めて重要な業務を担うことを余儀なくされている。

マイナンバーを用いる業務は、従来の手続（課税証明書等を用いる方法）に比べ、情報収集から支給に至るまでの手数や時間が、後掲する資料「就学支援金等の申請－給付のマイナンバー利用有無による事務処理期間の比較」のとおり、格段に増える。その結果、生活に困窮している世帯への支援がそれだけ遅れることになる。

文科省が2018年度に示していた計画によれば、各家庭のＰＣや個人のスマートフォンからの就学支援金等の申請も可能にすることを目標としていた。それが、思惑目標どおり実現すれば、高等学校を介した事務手数や確認・審査作業は解消するし、結果的に各世帯への受給も各段にスピーディーになるであろう。

しかし、資料に示すとおり各世帯の現状を見る限り、その計画目標は、決して明るくなく、現実的には、就学支援金・奨学給付金の申請自体を遅延、または忘失する世帯が多数現れてしまうであろうことは想像に難くない。

かつて日本育英会が、2001～2002年度にかけて、各都道府県に設置していた支部を引き揚げた。しかし、それ以降、奨学金償還額の滞りが、引き揚げる以前はほぼ０円だった状態から、直ぐに未償還額が400億円超へと一気に増大した。このことが示しているように、いかに仕組みを簡素化したとしても、必要な手数（周知・催促等）を欠いてしまうリスクを解消することは不可能であり、手続を逸してしまう、あるいは滞る世帯が相当数発生するであろうことが予想される。

そして、就学支援金等の問題は、奨学金のように必要な時に必要な経費に充当したお金が返ってこないこととは異なり、必要な時に必要なお金が手元に届かないことになり、受給者である高校生の世帯へ与える影響は非常に大きい。旧民主党政権が「高等学校の実質無料化」を成し遂げて以降、解消したはずの、家計のせいで授業料を払えず、そのために高等学校を退学しなければならなくなった高校生が再び生まれてしまうことになる可能性があると指摘できる。

文科省や政府からみれば、「それは、申請者（受給資格者）の自己責任」というような木で鼻をくくったような発言に終始するのだろう。しかし、就学支援金の申請手続きの時期が遅れる、または逸してしまう結果として、無用に生まれた債務（授業料）の収入処理や未納の際の督促作業に追われるのは、間違いなく私たち学校事務職員である。そもそも論として、（世帯の所得状況によるが）明確に国庫の支援を受けられる対象世帯に給付が行き渡らない制度は、その趣旨からしても不適切であると指摘できる。

（3）マイナンバー利用による問題点——県立特別支援学校の場合

次に、岩手県の県立特別支援学校についてであるが、まず、事務職員の配置状況は、3名から5名となっており、マイナンバーを取扱う業務は、高等学校より少ない2種（就学奨励費、職員の年末調整）であるため、決裁に携わる管理職と各取扱担当者が配置できており、一応、最低限の健全な決裁構造は確保できている。

そして事務処理環境としては、岩手県の場合、全県立特別支援学校13校にマイナンバー処理専用の端末が配備されており、自校で所得確認から給付に係る決裁まで完結できるようになっている。

このように、組織体制も担保し、必要な備品も配備するなど、一見すると、県立特別支援学校は手厚い学校事務組織であるように見えるが、その中にも様々に多忙や負担を伴う問題点は潜んでいる。

まず、先に述べたとおりマイナンバーを利用する業務の範囲は、高等学校（就学支援金・奨学給付金）では両親のみの所得を確認すれば済むが、特別支援就学奨励費の場合は、生計を一つにする同居者全員（受給する幼児児童生徒も含む）のマイナンバー情報を取扱うことになる。特別支援学校では、高等学校より児童生徒数こそ少ないものの、一世帯当たりの取扱う個人情報の量が格段に増えるのである。

加えて、取扱担当者は、その情報を専用端末により直接取扱い、決裁により入手した当該データを破棄するまでの間は、極めて重要な取扱い及び保管・保持する責任に一人耐えながら（気軽に交替できないため）非常に休み難い状態に長期間置かれることになる。

そして、マイナンバーを用いる手続に係る決裁処理においては、通常の決裁処理では当たり前の「複数（～全員）での書類審査」を実行することは法令上できないため、各取扱担当者は、膨大な事務量と重責を背負いながら、マイナンバー情報の入力から入力結果の確認、そして決裁に至るまでの責任を個人的に負うのである。また、取扱担当者以外の事務職員は、取扱担当者がマイナンバーを施した書類を確認した以降に、マイナンバー部分を黒塗された状態、或いは、マイナンバー取扱専用端末上で担当者が確認したという前提に基づいて関係情報が省略された状態で、それ以外の情報のみの審査・決裁を行うことになっている。

それは、特別支援学校の事務長（管理職）に関して言えば、各取扱担当者に審査結果を委ねた状態で決裁する、つまり、他者に審査を委ねた状態で、多大な決裁の責任を負わねばならないこととなる（なお、年末調整の事務手続き上は高等学校も同じである）。

特別支援学校の子どもたちは、最長の在籍期間を想定すれば幼稚部、小学部、中学部、高等部の14年間通学することになる。つまり、この14年間就学奨励費を受給することになるため、高等学校の就学支援金等に比べ、一度登録したマイナンバーによる所得情報の利用期間が長いという利用上のメリットがある。反面、前述したとおり、担当者以外にその情報を確認できないため、例えば、16桁に及ぶマイナンバーの入力を１つでも誤ってしまい、結果的に出力された情報が高額所得者のものだった場合、最長14年間に渡って本来受給できたはずの給付が受けられないこともあり得る。なぜなら、マイナンバーの専用端末により呼び出される情報には、（恐らく個人情報保護法上の配慮であろうが）所得情報のみしか表示されないため、端末の画面上で入力したマイナンバーと検索された所得情報を照合しながら確認できないからである。さらに担当する事務職員からみれば、就学奨励費が国庫負担金・国庫補助金で賄われていることも、取扱担当者の責任や負担を重くしているのである。

こうしたことから考えてみると、マイナンバー制度というものが、一つの業務当たりに複数の担当者の配置が可能な組織で運用すること、もしくは当該個人情報の取扱い業務を、専門業者に外注（委託）することを念頭に置いた仕組みで、元来小規模である学校の事務室という組織で取扱うことは想定されていなかった制度であることは容易に推測できる。

にもかかわらず、国や（国に追随せざるを得ない）自治体は、マイナンバーの利用を学校現場に強いているのである。事務室・事務職員の負担は質的・量的に増大することは必然であるし、そうした環境を払拭しようと、「外注してほしい」等の要望をすれば、そのことを事由に配置職員を削減されてしまう危険性等があり、結果的に、過重な負担を負わされていると言っても過言ではない。

2　非正規職員の増加が学校と学校事務室にもたらした多忙化

（1）人材雇用の不安定な実態

私自身、昭和の時代から今に至るまで学校現場に勤務しているが、当時は非正規雇用と言っても、職員構成比は1割弱で、それも大半が常勤職員であった。その構成が変わったのが2006年の教育基本法改正（第一次安倍内閣）の時であった。当時の伊吹文明文科大臣は「直近の国の意思表示は、教育基本法改正に基づく教職員配置の拡充である」と、地方自治体に耳障り良い言葉を用いて、一時的に教職員を増員した。しかし、その増員の実態は「週29時間勤務」の非常勤職員が多数配置されることでしかなかった。しかも、その後、そうした増員措置と交換条件のように正規職員や常勤の臨時職員の数が削減されていったのである。

ちなみに、これまで私が勤務した県立の高等学校および特別支援学校では、非常勤職員は、前者では2割強、後者では4割弱の構成比となっており、彼らは月額132,100円～184,300円の報酬で、昇給や各種の固定的な手当、そして次年度以降の任用が担保されることが無いという厳しい労働環境に置かれている。そのことが、学校現場にとって様々な問題や影響を生み出していることは指摘するまでもないだろう。

ところで、岩手県における非常勤職員は、その必要な人材の雇用等について各学校に任されている。一見、各校の裁量を尊重しているようには見えるのであるが、実態は、職員（人材）調達を各校に丸投げしていることに等しい。地域的に人材が豊富な地域もあるだろうが、そうではない地域は多数あり、また、人件費は入札等で地域ごとに定められる訳ではなく、いわゆる相場で決められてしまうため、人材に乏しい地域は、非常に厳しい人材の調達（雇用）環境に置かれているのである。その点を以下では詳述しておきたい。

（2）特別支援学校の人材雇用

私が勤務していた岩手県の沿岸地区では、ほぼ全域に渡って東日本大震災の際の津波被害の復興途上にあり、本来の居住地が沿岸部であっても、住家が被災し、借家等も乏しいため転居せざるを得ない者が多数いたのである。

そのため非常勤職員として、以下に示すような職種職員を求人することが多かったが、元々の賃金等の条件が良くないことに加え、復興事業（工事等）の賃金条件が、県が定める条件より有利であるため、職員調達には毎年度末から年度当初に掛けて大変苦労していた。

【非常勤職員として求人している職種】
<資格を要する職種>
講師…教員免許、栄養教諭…栄養教諭免許、運転技士…大型自動車免許、
医療的ケア看護師＝看護師免許、理学・作業療法士、言語聴覚士…各免許
<資格を要しない職種>
運転技士、学校技術員（この 2 職種は兼務可能）、介助員、職業支援員

こうした雇用の状況は、東日本大震災に係る復興期（一時的な現象）のためという見方もあろうが、沿岸市町村の居住率が東日本大震災以前より軒並 4 ～ 7 割程度落ち込んでいる現実からいえば、「復興期」という一時的な現象では無いという見方が妥当であると私は捉えている。本稿では、そうしたことを踏まえて、私が着任していた当時の現状のみ述べさせていただくこととする。

一般的に人材確保が困難な状況のため、非常勤職員に採用される者は、60歳超（正規フルタイム職員を終えた者）や配偶者の被扶養範囲内で働きたい者が中心となっていた。前者の場合は、年齢的な事情から傷病を発症しやすいことから年度を重ねた就業が困難になる場合が多く、後者の場合は、必要な非常勤職員定数を確保出来ない際に、必然的に勤務日数が増加し、その結果、配偶者扶養の範囲内で勤務することが困難になるため、当然、就労そのものが敬遠される状況になっている。

また、上記の例以外の場合は、本来求めていた条件を満たす就業が叶わなかったため（一時的）に就業を決めた者が多く、そうした人たちは、常に、少しでも好条件な仕事（職場）を求めているため、年度途中の任意の時期に離職を希望する状況が発生することになる。また。こうした非常勤職員は、採用後に副業に就いた場合、イレギュラーな勤務（例えば、土日に開催される運動会や文化祭の勤務等）には対応できなくなるような事態が頻発する。このように学校へ配置される職員数が増えたものの、学校の運営やそこに勤務する職員全体の勤務環境事態を改善する方向には、必ずしもなっていない状況が存在しているのである。

（3）業務の指導――引継の不安定な状況が招く弊害

学校における非常勤職員の採用の増大は、年度途中の離職はもちろんであるが、年度末での離職という事態が、各年度において発生することになる。そのことは、必然的に当該業務に関するキャリアが、その都度、リセットされることを意味する。そのため、正規職員および業務継続の非常勤職員は、前年度業務と新年度業務が錯綜する年度当初の時期に、新任の非常勤職員への業務指導にかなりの手間や時間が割かれてしまうことになる。

キャリアリセットという事態は、本来、非正規職員に委ねたい業務の幅や量を狭めてしまうことに繋がってしまう傾向を生み出し、離職者が多発する職種（業務）に関しては、特にこの傾向が顕著に表れているのである。そうした状況が継続的に発現する結果として、教職員（正規・非正規職員を問わず）は「著しく多忙な年度初めの時期に、新任の非常勤への指導に時間を割かれる位なら、非常勤職員に任せる業務自体を単純化・少量化した方がマシである」という発想に至ってしまうことが常態化していくのである。

これでは、人員配置を拡大しても教職員及び事務職員の業務負担が根本的に軽減されることは無い。しかも、こうした状況は、岩手県内では、沿岸部特有（沿線部の地区では発生しない）の事象であるため、非常勤職員を募集する際の人件費相場等が改善されることは無いのである。

（4）県立高等学校の人材雇用

他方、現在勤務する沿線部の高等学校においては、新規に雇用する非常勤職員の職種・人数は少なく、沿岸部に比較して雇用を求める（供給側の）数は大きいといえる。しかし、教職員が生徒に直接携わる「進路指導」と「部活動指導」、「生徒（生活）指導」の業務量が極めて大きいと認識されているため、新規の雇用は講師採用の教員が中心となっている。そのため、講師採用の教員を除くすべての非常勤職員に対する業務指導等が事務室（事務長）に概ね委ねられてしまう結果となっている。いわば、教員による「生徒の直接的な指導以外の業務」については、原則的に事務室（事務長）に任されてしまうという状況が常態化し事務職員全体の業務の多忙化に繋がっている。まさに、教職員における業務・職務の分断ということが貫徹した結果であるといえる。

ちなみに、現在、勤務する県立高等学校では、次のような非常勤職員が配置されている。

【非常勤職員の職種】

<資格を要する職種>

○講師、スクールカウンセラー…教諭免許状、学校心理士等の資格

○ボイラー技士…ボイラー運転技士免許・危険物取扱乙種4級以上の免許

○運転技士…大型特殊自動車運転免許

<資格を要しない職種>

事務補助員、学校技術員、校務補助員（障がい者雇用）、職業指導支援員、特別支援教育業務支援員

さらに、高等学校の非常勤職員の任用（採用）で苦労する点は、それぞれの職により以下のような背景や条件があることに起因している。

○講師…特に芸術教科の非常勤割合が県内全般に高く、有資格者自体が必要な職員数を満たしていない（結果的に複数校の兼務発令者が多数）。

○スクールカウンセラー…同上と同じ問題がある（そのため、面談等に関する需要に十分応えられない）。

○ボイラー技士…資格が必要な設備が極小化し、それに伴い有資格者が減り、かつ高齢化している（結果として持病、弔事対応の休暇が多くなっている）。

こうした状況のため、例えば現在の勤務校のボイラー技士の方たちは既に70歳を超え、その代替要員の応募において、有資格者で、かつ、低賃金でも就業してくれるという雇用条件の提示では、人材がほぼ見つからない状況なのである。結果的に、ボイラー設備が更新される（つまり、有資格職員が不要になる）のが先か、ボイラー技士が倒れる、または辞めるのが先かという全く笑えない状況となっているのである。簡潔に言えば、子どもたちの安心・安全を保証しなければならない学校の施設設備に関する運営の実際は、全く持って危険な綱渡りの様相を呈しているといえる。

（5）非常勤職員を多数任用する際の事務手数上の多忙化

非常勤職員を多数任用することに関わって生じる多忙化は、人材調達（雇用）以外にも多々あり、以下に述べる内容は、県立高等学校、県立特別支援学校のいずれにも共通して生じている状況なのである。

まず、非常勤職員の人件費は、任用当初に決定した報酬額に基づいて支給されるため、当該報酬額とそれに伴う共済費（健康保険、厚生保険、介護保険、労災保険、雇用保険等）が、任用時点で決定されることが原則である。したがって、それらの処理を職種ごとに厳格な予算要望から令達、予算管理・執行等に関しては、年度末に決算処理を求められるのである。

一見、当たり前のことであるし、単純な作業に思われるが、先に述べたとおり、年度途中での離職者の発生やその補充に係るタイムラグ、そして特別休暇(無給）がインフルエンザ等の対応で突発的に発生する等、予測が及ばない人件費の予算調整要素が随時発生している。そのため、不意な本庁との予算調整(最終決算で予算区分ごとに±0円とすること）という対応が、それぞれの職種ごとに必要となっているのである。

更に、正規職員であれば本庁で一括処理する「社会保険料等の徴収・支払処理」や「年末調整」、「市町村への給与支払い報告とそれに伴う住民税の納付」等が、非正規雇用の職種・職員の数に比例して、各学校の事務職員が行う事務作業の増大を押し上げているのである。

こうした事態が生じる背景には、岩手県の面積が広大であり、それが故に「小規模でも各地域に高等学校や特別支援学校を配置しなければならない（残さなければならない)」という政策事情があると思われる。このような事情は、都市部とは区別して考えなければならない点であるが、現実問題として岩手県の県立学校の事務職員にとっての多忙化の大きな要因となっている。

（6）非常勤職員の待遇改善が引き起こしたカオス

岩手県では2020年度から非常勤職員の処遇が抜本的に改正され、「会計年度任用職員」として、「期末手当の支給（約1.9月分)」、「公立学校共済加入（ただし、フルタイム職員のみ)」、「３年目までの任期更新（ただし、条件付）とその間の昇給」という改善が実行されることになった。

このことは、一見すると、非常勤職員の処遇改善のように思われるが、給与が過去の就業キャリアによって定められる（結果、就業キャリアが少ない若年層は給与水準が下がる）ということであり、例えば、社会におけるキャリアが乏しい若年層の就業希望者からは、これまでより一層選択され難い職種になることを意味する。つまり、人材の安定確保という面におけるデメリットを孕んでいるといえる。また、既に高齢職員層（現行の給与条例上の最高額）の非常勤職員で業務を賄っていた学校では、今回の処遇改善により、定められた人件費を超えてしまうことになった。そこで、苦労して募った非常勤職員を、一定数辞職（解雇）に追い込まねばならないという異常な事態が起きてきたのである。

そもそも、学校で必要とされる正規雇用職員を十分に配置することが出来ないからこそ配置された各種の非常勤職員に対して、非常勤職員を賄う予算が足りないから、配置を減らすということになっているのである。つまり、学校の業務を果たすために必要な職員を配置するという当初の目的をまったく踏まえないどころか、むしろ、当初目的の達成に反する結果を生み出しているのである。

このような県教委からの「無情なお達し」を学校側は、納得して受け入れることは出来る訳がない。そのため、任用を一手に引き受ける立場の事務長は、度重なる人員配置についての県教委との折衝に追われるのである。もし、そうした努力が叶わなければ、苦労して募った非常勤職員に対して、解雇という非情な宣告をしなければならなくなるという、きわめて大きな精神的な負担を負わされているのである。

3　まとめにかえて――“請い”はつづくよどこまでも

前章までにおいて、岩手県の県立学校（高等学校及び特別支援学校）の事務職員が迫られている特徴的な課題について述べてきたが、その課題は、以下のとおり様々な点に及んでいると整理できる。

① 学校施設設備の老朽化に対しての施設等の維持保全の経費不足
② 学校機能の拡充、特に地域の避難場所としての充実の推進や、地域コミュニティーの拠点としての機能整備
③ 生徒数の定員割れに伴った学校の各種運営経費の恒常的な不足
④ 生徒（世帯）の経費負担の軽減・解消のための事務作業量の増大
⑤ 県立学校事務職員等の継続的な人材育成

岩手県の県立高等学校、特別支援学校の学校事務をめぐる課題を抜本的に改善するには、「学校の統廃合」もしくは「通信制等の遠隔教育」により学校数を整理するという政策が当然に想起されることだろう。しかし、その選択は、

教員も含めた学校の教職員の人員整理というような自らの首を絞めることに他ならないだろうし、それ以上に、「(地方の) 子どもたちの教育機会均等」を保障するためには、決して選択すべき政策ではないと私は考えている。少なくとも、通学のために長時間の移動を子どもに強いるような学校配置では、本来的な意味での教育の機会均等を実現しているとは言えないと考えるからである。

こうした政策判断を前提にするなら、簡単には克服できない課題に対して、永遠に戦いを挑むことが、私たち事務職員をはじめとして、学校の教職員全体に求められていることなのではないだろうか。したがって、教職員は単に「多忙化で大変だ！」と単純に騒ぎ立てるだけでなく、自らが置かれている状況を客観的に捉え、その地平から議論し行動する必要がある。すでに本稿において指摘したように、学校事務職員という立場から言えば、学校をめぐる多忙化をめぐる議論や改革論の先にはおそらく多くの教職員が望まない未来が透けて見えてくるように思える。そうであるからこそ、事務職員だけでなく教員を含めた全ての教職員が、弱音を吐くことを止めて困難な課題の解決の方策を、知恵を出し合って探っていかなければならないと考えている。

そうした意味で、岩手県の学校事務職員は、自らの職域において「予算を請い」、「人を請い」、「施設（の改善）を請い」、それが高く厚い壁に幾度阻まれていたとしても、愚直に磨き上げながら様々な要望を繰り返し“請い”つづけていく必要がある。さらに言えば、そうした事務職員の行動や活動を通して、「教職員の多忙化」に関して他の教職員との共通の認識を深めていくことが重要であるとも考えている。同時に、「学校教職員の多忙化」という問題状況への抜本的な解決に向けての方途を職種間の連携を通しての解決を図っていきたいとも考えている。少なくとも、学校における教職員の連携構築は、職域の違いを超えて目指していくべき喫緊の課題である点を強調しておきたい。

(公教育計画学会会員　岩手県教育委員会)

特集１：教職員論：

スクールカウンセラーから見た教員の姿

熊谷　由紀

はじめに―― 香川県におけるスクールカウンセラー活用事業の概要

香川県のスクールカウンセラー配置については、1995（平成７）年度に国のスクールカウンセラー活用調査研究委託事業により開始され、具体的な活動が始まった。2001（平成13）年度にスクールカウンセラー活用事業補助事業が制度化[(1)]された後、2005（平成17）年度から、公立中学校の全てにスクールカウンセラー（以下、SCと略）が配置され、2008（平成20）年度より全公立小学校にもSCが配置されるようになった[(2)]。現状は、ひとつの中学校区に１～2名のSCが配置され、その同一SCが中学校区内の小学校にも配置されるという形態となっている。在籍生徒数や各種相談状況などを考慮して、各校区における年間の配置時間が決められている。例えば、中学校には週１回４時間程度、中学校校区内の小学校には１カ月に１回程度（１回４時間）勤務するという配置の仕方である。これは国の補助事業によって行われており、校区に配当された時間数の範囲で、週当たりの日数や時間数、小学校への配置時間を柔軟に増減させて対応することが可能となっている。一方、香川県単独の予算で実施されている事業もあり、それによって12学級以上の小学校には別途、年間48時間の配置が実施されている。

また、県立高校[(3)]については小中学校とは別の流れでSC配置が進み、現在は県内全ての県立高校に週に１回程度の割合の勤務時間で各校１名のSCが配置されている。さらに、2014（平成26）年度より県立の特別支援学校にも配置されるようになった。これは全国的にも先進的なことである。

尚、文科省によるとSCの業務[(4)]については、以下の通り７つの役割が挙げられている。

1. 児童生徒に対する相談・助言

2. 保護者や教職員に対する相談（カウンセリング、コンサルテーション）
3. 校内会議等への参加
4. 教職員や児童生徒への研修や講話
5. 相談者への心理的な見立てや対応
6. ストレスチェックやストレスマネジメント等の予防的対応
7. 事件・事故等の緊急対応における被害児童生徒の心のケア

筆者は、公立小中学校と県立高校でSCとして勤務してきたが、本稿では、主に小中学校でのSC活動を通して見えてきた教員の姿について述べたい。

1．スクールカウンセラーと学校

（1）スクールカウンセラーへの抵抗感

筆者がSC活動を始めた2005（平成17）年当時は、県内の全ての公立中学校にSCが配置されるようになった初年度であり、小学校の一部にはまだ配置がされていない状況にあった。筆者は二つの中学校区に配置されたが、筆者だけの１名配置であったＡ中学校は、初めてSCを受け入れる中学校であった。Ａ中学校区の小学校にも同時に配置されたが、そちらもSCの配置は初めてだった。

当時、Ａ中学校には、SCに対して幾らかの戸惑いがあったように思う。SC配置が初めてということは自身承知していたので、勤務開始以前に、管理職と面談し、どのような勤務内容にするのか打ち合わせを実施した。その話し合いにおいては、どのようにSCを認知してもらうか、またSCがどのように校内の状況把握に努めるかが課題であることを確認した。そこで、生徒や教員との交流を図り、生徒同士、教員と生徒の関係等を観察するのを目的に、給食の時間から校内に入ることにし、SCの存在に馴染んでもらうための工夫をした。それでも、校内にある教育相談室に待機しているだけで勤務時間が過ぎていくという日もあった。筆者も学校勤務は初めてのことだったため、いつ校内を巡回してもよいものか、教室まで入って生徒観察を行ってよいものか、判断に迷うところがあった。学校にとっても、SCは未知の存在で、積極的に声をかける教員はほとんどいなかった。

そこで、まずは教育相談を担当している養護教諭との交流に努めることとし、そこから校内や地域の情報を得ることにした。そうした交流を深めることを通して、養護教諭とのコンサルテーションが可能となり、さらに教員と間のコンサルテーションへと広がっていった。また、教育委員会からの要請で、SCの勤務に合わせて『不登校対策委員会』を実施することになっていたため、月に1回のこの会議もスクールカウンセラーの役割を周知する機会に役だった。徐々に、教員が保護者にSC利用を提案することが増え、その情報交換を行う中で、教員との協力体制がスムーズになっていった。

また、SCの居場所をどこにするかにも工夫が必要だった。A校には教育相談室が設置されていたため、勤務開始当初はその部屋で過ごしていた。部屋の中にいるSCと話をしたくても、ドアをノックして来室するのは、他の教員や生徒の目もあり、抵抗を強くする。そこで、相談等がない特に放課後には、職員室で作業をするようにした。顔の見える場所に居れば、目が合うこともあり、そうすると教員からも声がかけやすくなる。SCも教員の動きを見て、タイミングを考えて声をかけることが出来る。些細なことのようで、SCの居場所をどこにするかは、教員との連携をスムーズにする重要な要素である。互いが声をかけ合える環境があれば、生徒の出席状況や変化、教員自身が感じたこと等を話題に、その場でコンサルテーションが可能となる。

一方、A中学校区にあるB小学校は、月に1回の勤務であったが、当該校には、経験豊富な特別支援コーディネーターがおり、そこからの相談依頼が次々に入った。また、養護教諭のコーディネートにより、保健室登校をしている児童と面談をする、担任教員とコンサルテーションを実施するなど、すぐにSC活動が始まった。月に1回の勤務という限られた来校時間を有効に活用しようと、特別支援コーディネーターや養護教諭が主導して校内教職員に対する積極的な広報等の働きかけが行われた。それでも、個々の教員の中には、SCに対しての一定の警戒心を抱いている様子もあり、全ての教員とスムーズに連携が可能な訳ではなかった。

SCへの「抵抗」の背景には、先に述べたように「SCが未知の存在」であえることが挙げられるが、それだけではなく、個別教員にとって「SCに相談する――自分の力量の評価を下げる」という認識や意識があったのではないだろうか。小学校では特に、学級の問題に関して、担任がその責任を感じる度合いが大きいという感想を持った。教員自身が担任する学級や児童の問題を「SCに相談しないと解決できない」、そう捉えられることを警戒していたのではないだろうか。B小学校では、特別支援コーディネーターや養護教諭を窓口とし、コーディネートされた事案に対応するようにした。その方が、SCの存在が活かされていたというようにいまでも理解している。

A中学校、B小学校とも共通しているのが、未知の存在だったSCへの教員の抵抗と警戒感であった。両校とも時間を要することになったが、このような状況を経て、やっとSCが学校で何をする者かという認知が徐々に広まっていったように思う。SCは脅威を感じる必要はないと認識されるようになり、協働する多職種として安心して受け入れられるようになっていったのではと、私自身考えている。

（2）スクールカウンセラーへの期待

もう一校の中学校区（C中学校）には、他のSCと筆者の2名体制で配置されることになっていた。既にSCの勤務実績のある学校だったこともあり、比較的スムーズに受け入れられた。SCの勤務日には、『不登校対策委員会』が開催されることになっており、勤務の度にその1週間の情報交換を行うことが出来た。しかし、教員は多忙であった。関係する教員を召集するのは、授業中であることもあって、全員が参加することが困難なこともあった。そのため、『不登校対策委員会』の名称ではあったが、教育相談を担当する教頭とSCだけで実施することも多かった。各学年団から上がってきた情報を担当教頭が統括し、それをSCに伝える。それを踏まえて、SCは面談を実施したり、校内を巡回して生徒観察を行った上で、それらについての見立てを伝え、どのように対応していくかを検討するというものであった。毎週、勤務があるとはいえ、1週間も経過すれば生徒の状況には変化がある。したがって、『不登校対策委員会』という情報交換の時間は、生徒個人の情報に加えて、校内の人間関係や地域の特性などの情報も得ることが出来、“学校を理解する”のに非常に役立ったことも事実である。

SC活動の根幹は、学校をアセスメントすることにあると筆者は考えているが、相談業務は当然の役割として、こういった情報交換に時間を割くことは、より深く事例を理解し、校内及び生徒周辺の資源をどう生かしてサポートするかを検討するのに不可欠である。しかし、教員と情報交換をしようとすると、直接話せる時間が取れるのは、放課後の部活も終了した時間になってしまう。授業のない時間に教員と話す時間を設けようとしても、ほとんどの授業を担任が担う小学校では、それも容易ではない。

SCが職員室で居ることの重要性は先に述べたが、勤めるうち、職員室のどこにその座席があるかで、教員の声のかけやすさに影響を与えるかが分かってきた。放課後の職員室では、教員は各自の座席で作業をしているが、SCが遠く離れて座っていると、なかなか席を立ってまで声をかけようとはしない。しかし、SCの座席が出入り口や給湯器の近くにあると、教員はそこを通るついでに声をかけるパターンが多くなる。それに気づいてから、筆者は教員が声をかけやすいように、教員が行き来する導線上に席を設けてもらうようにお願いしている。座席の配置を工夫することで、通りすがりに声をかけられることが増加した。

また、C中学校では、〔別室〕と呼ばれる教室で、登校は出来ても教室に入りづらい生徒を受け入れていた。SCは個別の相談が入っていない時には、別室で生徒と交流をしていた。一緒に折り紙をしたり、雑談をしたり、与えられた課題に取り組む生徒の様子を見守ったりする。生徒を理解するのに役立ったのは、この交流であると筆者は考えている。改まった場を設けて〔相談〕の形をとると、かえって話しづらくなることも、こうした交流の中であれば話されることもあり、そこから生徒の生活状況や交友関係などの情報を得ることが出来た。その情報を元に生徒像をアセスメントし、それらと教員の持つ情報とを突き合わせて、生徒の心の状態及び行動を理解していく。教員と対応を検討する時に、この多方向からのアセスメントが生徒理解を深くし、より適切な支援を講じることが出来ると思っている。SCには、こうしたアセスメントを元にした生徒心理の見立てや、それを踏まえた対応の助言を提供することが期待されている。教員は、そうしたSCの心理的な見立てを子どもの対応に役立てたいのである。

学校の方針によっては、別室での対応をしない場合もあり、その場合に教員は、放課後の時間帯で対応することや、授業の空き時間に特別教室や保健室などを利用して対応するなどしている。そうした場合、SCは、担任を後方から支援する役割を取ることになる。教育相談担当教員や養護教諭と連携し、担任の対応について評価や検討を行い、同時に担任からの相談も受ける。この中で、担任の心身の負担に関する思いが語られることもあり、場合によっては、個人の相談に発展する場合も多々ある。

その後、筆者は、別の中学校区のD中学校に長く勤務することになった。D中学校は、SCの勤務日に合わせ、時間割の中に『不登校対策委員会（『ケース会』と呼ぶ)』を設定していた。教育相談担当教頭、養護教諭、各学年団から1名の教員、地域に勤務するスクールソーシャルワーカー、SCが参加し、生徒の情報共有と対応の検討を行う。参加の教員は、それを各学年団会に持ち帰って報告をする。学年団会で検討した事柄や新たな情報は、また次の『ケース会』に持ち寄られる。学年を越えて教員が集まり検討を行うため、家庭や兄弟の情報、部活動での様子など、多角的な情報収集が可能となっている。『ケース会』での検討を元に、教員は、誰がどのタイミングで、どのような対応を行うかを確認しながら子どもたちに関わることが出来、個々の判断に頼らないサポートが可能となった。

このように、SCが校内の一員として存在するのが常態となる中で、学校や地域の特性を踏まえて、また、子どもたちや保護者のニーズに合わせて、より有効にSCが活用されるようになってきた。それだけ、学校はSCの役割に意義を感じており、高い期待を持っていると言えよう。

2．教員と教育相談

（1）多様化する子どもの問題

子どもを取り巻く社会状況は、文科省によると「家庭の教育力や地域の機能が低下するとともに、児童生徒の抱える問題が多様化し、深刻化する傾向も見られる。こうした様々な問題に対して、学校が対応しなければならない状況になっている。また、社会の変化は教員や児童生徒にもストレスの増大を招いている。」とあり、学校は、『多様な専門家の支援による相談体制』を作る必要性に迫られている。また、教員には「教育相談的な配慮をすること」が大切とされている(5)。

学校は、年度ごとにSCの活用状況について、教育委員会を通して文科省に報告することになっている。この中に相談内容の分類項目があるのだが、当初は、「発達障害」という分類はなく、「その他」に分類されていた。すぐに、分類項目「その他」の件数が最も多いという問題が生じ、更に内容が細かく分類されるようになった。また、近年の分類項目には、「貧困」や「性的被害」が追加されている。このことからも、SCが対応を期待されている問題が多岐に渡ることが分かる。これはつまり、学校が対応を求められる問題そのものが多岐に渡り、家庭の深いところまで理解し対応することが求められていると言えるのである。常に教員は、子どもの抱える様々な背景を理解し、その状況に応じた対応を求められる。そのため、多方面の知識を持ち、児童生徒だけでなく、保護者や地域と連携を図るために良好な関係を築くこと、そのために必要なコミュニケーション能力など、より専門的な力を必要とされているのである。

（2）多様で幅広い対応を求められる教員の姿

小中学校を対象に見ると、子どもたちは小学１年生から中学3年生という幅広い年齢層に位置し、その心身の成長は、発達的視点で見ても大きな差がある。そこにまた、子どもたちの個人差も考慮しなければならない。更に言えば、学級集団の力動、その地域の、学校の、学年の特色も様々であり、教員には、多様な子どもたちを集団にあって個々に理解する力が求められることになる。学校は、教育相談週間を設けたり、定期的な心身の健康に関するアンケートを実施するなどの工夫をして、子どもたちの心身の状態について把握するよう努めている。学校の教育相談の中核は養護教諭が担う場合が多いが、各学級においては当然、その役割を担任が担っている。子どもたちの些細な変化について把握するためには、日々の様子にアンテナを張ることが要となる。学級運営をしながら、個々の子どもの様子、子ども同士の関係などに注意を払わなければならない。それは、直接かかわることの多い教員にしか出来ない。児童生徒の心身の状態をアセスメントするのは、SCの重要な役割だが、それは教員からの情報がなければ成立せず、深く実態を理解したアセスメントにはならない。教員から提供される情報には、子どもの状態や成育歴、家庭背景、友人関係などがあり、細部に渡って把握している教員の観察力には驚かされる。この詳細な情報があってこそ、SCのアセスメントは、事例の実態に即した意味のあるものとなり得る。複数の視点で見た多角的で深みのある理解のためであり、そうでなければ、教員にフィードバックするに値しない。

また、子どもの支援を考える上で、教員と保護者の連携は不可欠である。保護者と良好な関係を築くことも、教員に求められる重要な力である。教員は、保護者を支える役割をも担っている。保護者は、子育てに迷うこともあれば、不安になることもある。教員は、保護者のニーズに気づき、求められる援助を提案できる視点を常にもって関わることが求められる。しかし、良好な関係がスムーズに築けるとは限らない。保護者との関係作りに高いハードルを感じることもあると聞く。保護者の方も、保護者同士のネットワークを持っており、教員の対応やその評価がやりとりされたりし、いくら教員が働きかけようとしても、それが関係作りの足かせになることもある。それでも、保護者と連携しないわけにはいかない。

放課後、職員室でその様子を窺っていると、教員は必ずと言ってよいほど、保護者に電話連絡をしている。欠席した児童生徒がいれば、その様子を尋ねたり、翌日の時間割や持ち物の連絡をする。日中、子どもが友だちとトラブルになることがあれば、その日のうちに電話連絡をし、必要があれば家庭訪問を実施する。また、事務連絡や報告を目的としていても、話をしているうちに、保護者からの相談に移行することもある。連絡をもらったから、「この機会に、日頃から不安に思っていることを話してみよう」という保護者もいる。自ら担任に電話をかけるほどではないが、子どもの様子について教員から話があったからこそ、それならば話してみよう、聞いてみようとなりやすい。こうして電話や家庭訪問の対応をしている最中であっても、放課後に登校する子どもがいれば、その対応もする。保護者に連絡がつかなければ、2度3度と連絡をしなければならない。時間的な負担だけではない。常識的な対応をされることばかりではなく、保護者から批判や叱責を受けることもある。慎重な対応が必要な事例は、管理職に相談したり、校内で検討して対応しているが、基本的には、このような保護者対応を担任が自身の判断に基づいて実施している。そのストレスは如何ばかりかと思う。また、その物理的、心理的負担の大きさは想像に難くない。

（3）相談内容の変容と教員のメンタルヘルス

そもそもSC配置事業が実施されるようになった背景には、不登校児童生徒対策という政策目的があった。よって、全公立小中学校への配置が始まった当初は、やはり不登校に関する相談が中心であった。特に中学校でその傾向が強かったと理解している。

また、小学校では、発達障害に関する相談が多くを占めており、当時は特にAD/HDを疑ってのSCへの相談が多かった記憶がある。これについては、現在もやはり児童の発達障害に関する相談が多いが、他の主訴であっても、発達障害を背景に抱える可能性が疑われるケースは珍しくない。保護者、教員、あるいは親や教員に勧められてカウンセリングを受ける児童の多くに、発達障害に関する内容が含まれている。同時に、小学生の不登校に関する相談もあるが、配置当初との違いで言えば、発達障害や貧困、虐待などの他の問題と絡み合った複雑な内容に移行してきている。問題そのものが重大化しているというより、学校が様々な角度からひとつの事例を見るようになってきているからだと考えている。

中学校でもその傾向は同様であり、学校は、子どもの背景にある様々な事情を踏まえて問題を捉えるようになってきている。当然ながらSCにも、その事例を多方向から分析する力が求められるようになり、子どもの心理面の理解に留まらず、幅広い知識が必要となっている。また、中学校では、生徒本人がカウンセリングを希望したり、親や教員に勧められてカウンセリングに同意し、その後、継続して訪れるケースが増えている。全公立小中学校にSCが配置されて以降、現在の中学生にとっては、小学校入学当初より〔SCが学校に来る〕のが当たり前である。子どもたちにとって、SCが身近な存在になっているとも考えられ、それがカウンセリングを子どもたちの日常に溶け込ませているのだろう。

また別に、参観日や学校説明会の機会等に保護者を対象とした講演依頼もある。同時に、子どもたちに向けた講演や授業を依頼されることも増えてきた。児童生徒に向けた授業では、筆者の場合、友人関係や教員との関係を築く助けとすることを目的に、グループエンカウンターを実施している。友だちや教師との関係作りに役立ててもらうことで、人間関係の広がりや深まりが生じ、そのことは不登校のリスクを下げる一助になると考えられる。また、高学年を対象に、心の働きを理解することや、怒りのマネジメントやストレスマネジメントを目的としたグループワークも実施している。怒りやストレスをマネジメント出来ることは、人間関係を円滑にする助けとなり、結果として不登校リスクの軽減や心理状態の安定に繋がる。心の動きをマネジメントする力をつけていくことが、ストレス軽減に繋がり、子ども同士が互いに支え合う関係を築くのにも役立つのである。更に、副産物ではあるが、子どもたちにとっては、SCがどんな人かを知ってもらう機会となり、SCがより身近になる。それによって、全く知らない人に相談するよりも、授業をしたSCという見知った人物に、「それなら相談してみよう」と考えてもらえる。SCにとっては、学級内の人間関係や学級内での個々の子どもたちの発言・行動を観察できることで子ども理解に役立てられるという意義もある。

こうして、教室の中にSCが入る機会が増えたことも手伝い、近年その利用頻度が高まっているのが、教員のカウンセリングである。先述した通り、児童生徒の対応に関する相談から教員個人の相談に移行することもあるが、近年は、管理職が“教員の心身の健康を不安視してカウンセリングに繋ぐ”というケースが増えてきた。SC業務の中に、教員のメンタルヘルスの維持・向上も含まれている(6)が、当初は管理職が勧めて相談に至るケースはほとんどなく、まれに教員個人が人知れず相談に来るような状況であった。SCが教員の心身の健康を気にして声をかけようものなら、慌ててそれを拒絶するようなことも起こった。しかし、現在は、校内でカウンセリングを受けることへの抵抗は少なくなり、教員からの個人カウンセリングへの期待が高まっている。

いざ、SCに相談をとなった時、個別に時間を設けてカウンセリングを実施する場合もあれば、職員室や教室での立ち話で、いわゆる〔愚痴〕を話されることも多い。内容は様々である。担任している子どもとの関係についての相談はもちろん、教員間の人間関係について相談されることもある。当初は脅威であったSCの『外部性』が、その人間関係に含まれないSCだからこそ、相談しやすさという利点になっている。

管理職についても同様である。おそらく、管理職は、学校運営にあたって、意思決定や判断を求められることが多く、校内で気軽に相談したり弱音を吐いたりすることが難しい立場である。SCが秘密保持を絶対とする職種であるとの信頼が根付いてきており、それによってSCは、管理職が相談出来る存在になってきている。管理職の相談内容には、教員のメンタルヘルスに関する相談の他に、教員同士の人間関係についての相談も増えている。更には、管理職としての苦労について語られる場合もある。

筆者は、SCの存在意義として、積極的な働きかけは行わなくても、学校に『存在する』ということが重要だと考えている。その場にいて、いつでも相談できる者として存在する、そこから得られる安心感は、SCが学校に提供し得るもののひとつである。実際に、「SCの顔を見るだけでホッとする」「教室に子どもたちの様子を見に来てほしい」「見てもらって苦労を知ってもらえるだけでもいい」、そういった声もある。それだけ、ストレスを生じやすいリスクを抱えているのが教員なのだ。子どもたちとの関係性、教員同士の関係や管理職との関係、保護者との関係と、多重の人間関係が重なる職種である。それらがうまく運んでいれば強いストレス要因にはならないが、どこかに歪みが生じると、途端に強いストレス要因になってしまう。管理職の理解がある学校では、教員は、支えられている、評価されていると実感することが出来、それによってストレス緩和がされていく。また、教員間で愚痴を言い合えば、その苦労やストレスを分かち合うことが出来る。この機能が働いている学校は、教員の心身の状態が安定しやすい。これが機能している学校か否かは、職員室の雰囲気から読み取ることが出来る。職員室で雑談に花が咲くような雰囲気のある学校は、教員間、管理職との関係性が良好である。職員室で、いかに雑談が行われているか、授業から戻った時、保護者に電話連絡をした後、家庭訪問から戻った後、不登校児童生徒に対応した後など、労いの声がかかる雰囲気があるかどうか、そのような職員室の雰囲気がある学校は、教員が教員を、管理職が教員を、教員が管理職を互いに支え合う関係がある。

日常は、教員同士や管理職と教員との良好な関係が、ストレス軽減を助けているのであり、SCはそれを補う存在にすぎない。重要なのは、教員同士のサポート関係であり、そこに管理職のリーダーシップ（トップダウンの指示ではなく、方向性を示し、責任を負うことを明確に示していること）と、管理職の理解とサポートが加わり、それらが教員のメンタルヘルスの維持・向上に大きな役割を果たしているのである。

3．スクールカウンセラーの見た教員と子どもの関係性

これまで述べた通り、SCの存在は学校にその専門性が認知され、受け入れられるようになってきた。SCも配属された学校の一員として、子どもたちを取り巻く、多種多様な問題に対応すべく、教員と協働している。子どもたちの問題が複雑多岐に渡るようになり、教員には、求められる力量も、より専門的で多方面を網羅する必要性を迫られている。更には、子どもだけでなく、保護者や地域、教員同士や管理職との関係と、複雑に絡み合う人間関係の中で、ストレスに晒される毎日を送っている。SCは、教職員の一員でありながら、『外部性』を持った存在である利点を生かして教員を支えることに力を注いでいる。それが、学校を支えることになると考えて活動しているとも整理できる。

一方で、SCがその役割を自覚し、留意すべきことは、“教員の役割に取って代わることは出来ない”ということである。子どもや保護者に関わる中心は担任である。SCが、子どもや保護者に信頼を持ってもらい、相談を利用してもらっていたとしても、担任の役割を飛び越してはならない。それが出来ると考えるのは、SCのおごりであり、結果的に良好な協働関係を壊すことになり、子どもたちに不利益をもたらす。

子どもたちの学級での様子を観察していると、子どもたちと教員の関係性は、教室の雰囲気に如実に表れるものだと感じる。子どもたちにとって、担任は特別な存在である。子どもたちの目は、いつも自分を担任する教員に向かっている。自分のことを知って欲しい、理解して欲しい、受け入れて欲しいと、常に担任を求めている。

教室の整理整頓ひとつにも、子どもと教員の関係性が現れる。清掃が行き届いている教室は、子どもたちが落ち着いている。持ち物が床に散乱していたり、棚に置いた水筒や習字道具・絵の具セット等の置き場が乱れていたり、そんな教室では、子どもたちの気持ちも荒んでいるように感じられる。集中が長く続かず、作業に時間がかかることや、最後まで取り組む意欲が感じられない子どもの姿が見られる。教卓の上にプリント類が積みあがっていたら、求められたものがすぐに取り出せない。その反応の遅れが、子どもたちには「自分たちへの関心の低さ」に映るのだろう。

教室の整理整頓は一例に過ぎないが、些細に思えるこのような事柄も、子どもと教員の関係性に影響を及ぼすのである。子どもたちは、教員が関心を持ち、信頼してくれているかを、教員の言動からよく読み取っている。教員が自分に関心を向けていると感じれば、その発言に引き付けられるように、子どもたちの眼差しが教員に向けられる。投げかけられた問いを、自分のこととして考える表情がある。活気にあふれた教室は、子どもたちにとって、安心できる楽しい場所である。失敗や間違いも許容され、誰もが安心して発言出来る。そんな雰囲気のある学級は、たまに教室を訪れるSCであっても、しっかりと感じ取れるほどである。日々をその学級で過ごす子どもたちにとっては、そんな活気ある教室かどうかが、学級での過ごしやすさや意欲そのものにも影響を大きくするのではないだろうか。互いが間違いを指摘し合い、許さず攻撃し合う雰囲気では、子どもたちは安心して過ごせず、当然ストレスを抱えやすくなる。互いの人間関係も悪化していく。教員もそれに巻き込まれ、適切な対応が難しくなる。子どもたちと教員との間で、信頼感に基づいた生き生きとしたやりとりがなされていることは、子ども同士の関係を支え、子ども同士が自ら支え合う力を発揮させる。更には、そういった教室の雰囲気と子ども同士の関係は、教員の気持ちをも強く明るくし、ストレスを生じにくくする。子どもと教員との間も「人間関係」である。良好な人間関係は、人をサポートする役割を果たすが、円滑さに欠ける人間関係は、人の心を荒らしてストレスを抱えやすくする。

教員も、学級という子ども集団の中にあり、その人間関係を構築している一員である。教員が子どもを信頼して関われることこそ、学級集団の持つ本来の力を発揮させる中核なのであると、筆者は考えている。

注

（1）文科省は平成７年度から、「心の専門家」として臨床心理士などをスクールカウンセラーとして全国に配置（154校）し、調査研究を実施、平成13年度からは「スクールカウンセラー活用事業補助」を開始している。各都道府県へのスクールカウンセラー配置率には、90％以上がある一方、50％未満もあり、地域により差がある。
　文部科学省　教育相談等に関する調査研究協力会議　「児童生徒の教育相談の充実について―生き生きとした子どもを育てる相談体制づくり―（報告）２スクールカウンセラーについて（１）経緯と現状」（2009年以前登録）より引用。（2020年２月10日閲覧）
https://www.mext.go.jp/b_menu/shingi/chousa/shotou/066/gaiyou/attach/1369846.htm

（2）香川県臨床心理士会　SCP委員会全体研修会（2014年７月６日）における、豊島佳津子による講話資料参照。

（3）香川県教育委員会によるSC配置については、国立の学校を含まないため、県立高校と表記する。

（4）文部科学省　教育相談等に関する調査研究協力会議　「児童生徒の教育相談の充実について―生き生きとした子どもを育てる相談体制づくり―（報告）２スクールカウンセラーについて（２）スクールカウンセラーの役割及び意義・成果について」（2009年以前登録）より引用。（2020年３月１日閲覧）
https://www.mext.go.jp/b_menu/shingi/chousa/shotou/066/gaiyou/attach/1369846.htm

（5）文部科学省　教育相談等に関する調査研究協力会議　「児童生徒の教育相談の充実について―生き生きとした子どもを育てる相談体制づくり―（報告）１　学校における教育相談の充実について」（2009年以前登録）より引用。（2020年３月１日閲覧）
https://www.mext.go.jp/b_menu/shingi/chousa/shotou/066/gaiyou/attach/1369814.htm

（6）文部科学省によれば、教員のメンタルヘルスサポートについて、相談体制の充実が挙げられており、それによると「スクールカウンセラーの活用が重要。スクールカウンセラーは、生徒指導等に関してストレスを感じている教員に対してアドバイスをしたり、コンサルテーションを行ったりすることもできる。こうしたことを通じて、教員はより安心感を持って生徒指導上の課題に対応をすることができる。」とある。

文部科学省　教職員のメンタルヘルス対策検討会議「教職員のメンタルヘルス対策検討会議（第５回）配付資料　資料1　教職員のメンタルヘルス対策に関する主な意見等の整理」（2012年９月登録）より引用。（2020年３月１日閲覧）

https://www.mext.go.jp/b_menu/shingi/chousa/shotou/088/shiryo/attach/1324486.htm

＜参考文献＞

吉澤佳代子・古橋　啓介「中学校におけるスクールカウンセラーの活動に対する教師の評価」福岡県立大学人間社会学部紀要 Vol. 17, No. 2（2009）47-65頁

荒木史代，中澤潤「スクールカウンセラーに対する教師のニーズ」千葉大学教育学部研究紀要　第55巻（2007）87-95頁

長屋裕介，中田行重「スクールカウンセラーと教員の連携・協働に関する現状と課題　関西大学心理臨床センター紀要　第７巻（2016）49-59頁

河合隼雄「カウンセリングの実際問題」誠信書房（1970）

（香川県スクールカウンセラー）

特集 2：高等教育論

特集２　高等教育論

高等教育政策の現在と課題

大内　裕和

はじめに

2019年の通常国会で成立した「大学等における修学の支援に関する法律」は、高等教育への一定の財政支援を行うとともに、受益者負担原則の維持と高等教育への統制強化を進める内容となっている。本論文では、「大学等における修学の支援に関する法律」が登場した経緯とその内容を考察しながら、高等教育政策の現在と課題を論じることとしたい。

1．奨学金返済問題の浮上と奨学金運動の広がり

1960年代まで大学、特に国立大学の学費は安く抑えられていた。この状況に変化が起きるのは1970年代に入ってからである。1971年に中央教育審議会の答申「今後における学校教育の総合的な拡充整備のための基本的施策について」が出された。

この答申において大学教育によって学生個人も利益を得るのだから、受益者負担として国立大学授業料を徴収するべきである、という提起がなされた。大きな反対運動があったにもかかわらず、1972年４月、国立大学の授業料は年間１万2000円から３万6000円に値上げされた。これ以降、国立大学の授業料は年々上昇を続けていった。

私立大学に対しては、経営安定化のための補助金交付が1970年から始まり、私立大学への公的助成の増額と国立大学の授業料値上げは、両者の格差是正という論理で正当化された。1975年に私立学校振興助成法が制定された後、私立大学への政府による公的助成である経常費補助金は増加した。1980年には政府が出す経常費補助金の私立大学経常費に占める割合は29.5％と約３割にまで上昇する。

しかし、1980年代以降になると私立大学に政府が出す経常費補助金は減少へ

と転じる。1985年には19.1％と２割を切り、1990年には14.1％と15％を割り込んだ。政府からの補助金の減少もあって、私立大学の学費は急激な上昇を続けた。

国立大学と私立大学ともに学費の上昇はあったものの、1990年代半ばまではそれほど大きな社会問題とはならなかった。1973年の石油ショック後に高度経済成長は終わったものの、賃金抑制や長時間労働による実質的な人件費の削減、非正規雇用の活用拡大、海外への輸出攻勢によって、日本経済は1975年以降にいち早く回復し、中成長を実現した。このことによって高度経済成長期に形成された終身雇用と年功序列型賃金を特徴とする日本型雇用は、1990年半ばまで維持されることとなった。1990年代半ばまで労働者の実質賃金が上昇し続けたことにより、高くなった学費も多くの親が「頑張ればなんとか払える」状況が続くこととなった。

1990年代半ば以降、新自由主義グローバリズムの進展にともない、国内企業の多くが工場や事務所を海外移転することによって国内雇用が減少したこと、財界による人件費カットと政府の規制緩和政策が低賃金の非正規雇用の増加をもたらし、正規雇用労働者においても賃金が下がったことなどによって、親の所得低下が引き起こされた。

国税庁の「民間給与実態調査」によれば、民間企業労働者の平均年収は1997年の467万円から2014年の415万円に低下した。厚生労働省の「国民生活基礎調査」によれば、平均世帯年収は1994年の664万円から2014年には542万円へと低下した。親の所得低下によって学費の支払いが困難となり、奨学金利用者が増加した。日本学生支援機構「学生生活調査結果」によると、４年制大学における奨学金利用者の割合は、1996年の21.6％から2014年には51.3％へと急増した。

大学生が利用する奨学金制度のなかで、最も多くを占めていた日本学生支援機構の奨学金は貸与型のみであり、奨学金を利用するということは卒業後に返済しなければならないことを意味する。2010年代に入って以降、奨学金返済が大きな社会問題となった。

2013年３月に返済困難者の救済と奨学金制度の改善を目指して、「奨学金問題対策全国会議」が結成された。2014年には早くも、返済猶予期限の延長と延滞金賦課率の削減の制度改善が実現した。2015年に、奨学金問題対策全国会議は、労働者の生活と向上をはかる観点から奨学金問題への関心を深めていた労働者福祉中央協議会（中央労福協）との連携を開始した。

中央労福協は2015年10月から「給付型奨学金制度の導入･拡充と教育費負担の軽減を求める署名」を開始し、奨学金問題対策全国会議もこれに協力した。2016年 3 月までに300万人を超える署名が集まった。こうした動きを受けて、2016年12月、政府は大学生が利用できる給付型奨学金の導入を決定した。2017年から一部先行実施、2018年から本格導入ということとなった。

2.「大学等における修学の支援に関する法律」の内容とその問題点

2018年から給付型奨学金制度が本格導入されて 1 年後、2019年の通常国会で「大学等における修学の支援に関する法律」が成立した。これは、住民税非課税世帯とそれに準ずる世帯出身の学生に対する大学等の授業料・入学金の減免と給付型奨学金の拡大を内容としている。経済的にかなり困窮している世帯出身の学生のみが支援対象になる。

授業料・入学金の減免額は次のように予定されている。国公立大学の場合、文部科学省令で定められた国立大学の授業料及び入学金の標準額を上限として、出身世帯の経済状態に応じて支払いが免除あるいは減額される。私立大学については、入学金は私立大学の平均額を上限とし、授業料は国立の標準額に、私立の授業料の平均額と国立の標準額との差額の 2 分の 1 を加算した額が上限となる。短期大学、専修学校専門課程（専門学校)、高等専門学校についてもこれと同様である。

給付型奨学金は国公立大の自宅生が年間35万円、自宅外から通う学生（自宅外生）が年間80万円、私立大の自宅生が年間46万円、自宅外生は年間91万円を支給される。短期大学、専修学校専門課程（専門学校）についてもこれと同様、高等専門学校については学生生活費の実態に応じて、大学生の 5 割～7 割程度の額を支給する措置となっている。

「大学等における修学の支援に関する法律」の特徴としては、3 点を挙げることができる。第 1 に、住民税非課税世帯及びそれに準ずる世帯出身者に対して、国公私立の違いに関係なく、また大学、短期大学、専門学校という校種を区別することなく、同一の所得基準で授業料と入学金が減免される。これまで財政的支援が少なかった私立大学や専門学校までもが、授業料と入学金が減免される対象となったという点では一定の意味をもつ内容と言ってよいだろう(1)。

第 2 に、授業料や入学金の減免に加えて、返済不要の給付型奨学金も併せて支給される。これは学費に加えて生活費をも支給することを意味する。奨学金の多くが学費の支払いに充てられている現状を考えると、奨学金を本来の役割へと位置付ける意味をもっている。

第３に、授業料減免及び給付型奨学金を合わせた支給額全体がこれまでよりもはるかに大きくなっている[2]。たとえば、入学初年度、私立大学の自宅外生は最大約176万円の給付を受けることができる。

しかし、この「大学等における修学の支援に関する法律」には多くの問題点がある。この法律は当初政府が「高等教育無償化」と称し、マスコミでも同様の報道が行われた。しかし、「大学等における修学の支援に関する法律」の中身は、「高等教育無償化」とは程遠い内容となっている。

法律では支援対象である学生に対して、極めて厳しい経済的要件を課しており、その結果授業料減免や給付型奨学金を受けられる学生はとても限定されている。授業料が全額免除となるのは住民税非課税世帯のみである。目安として、４人家族（両親・本人・中学生）の場合、年収270万円未満の世帯が該当する。４人家族で年収300万円未満の世帯は３分の２免除、４人家族で年収300万円以上380万円未満の世帯は３分の１免除となっている（要件を満たす世帯年収は家族構成により異なる）。

また、その限定された世帯においてもこの法律は厳密な意味では高等教育「無償化」にはなっていない。たとえば、私立大学の2017年の年間平均額は約133万円（授業料約90万円、入学金約25万円、施設整備費約18万円）である。このうち、施設設備費は新制度による支援の対象外となっている。この金額から考えると、授業料及び入学金が最も多く減額される住民税非課税世帯でも、約40万円近くの不足となる[3]。授業料減免等が最も多額である住民税非課税世帯でさえこれだけの不足が生ずるのだから、それよりも世帯年収が高い「準ずる世帯」の場合には、もっと多額の不足が生じる。

支援する対象の学生が限定されており、またその学生でさえ「無償」とはならないのだから、この法律を「高等教育無償化」と呼ぶのは明らかに誇大であり、誤りである。この法律は「住民税非課税世帯とそれに準ずる世帯出身の、ごく少数の学生のみを対象とした学費負担軽減法」と呼ぶのが妥当である。政府がこの法案を「高等教育無償化」と説明するのは、多くの人々に誤解を引き起こすものであり、「高等教育無償化」とのマスコミ報道も適切ではない。

第二に、年収380万円以上（４人家族の場合）の中位所得層への支援が全く行われず、近年の高等教育における学費問題の中心的課題に対応していないという点である。近年、奨学金が大きな社会問題となった背景には、1990年代後半以降の奨学金利用者の急増がある。すでに述べたように、4年制大学における奨学金利用者の割合は、2014年には51.3％と学生全体の約半数に達している。このデータは、かつては大学学費を負担することが可能だった多くの中位所得世帯が、学費を支払うことが困難となったことを表している。

しかし、今回の法律はこうした事態に対応するどころか、むしろ悪化させている。これまで国立大学の授業料・入学金減免の選考基準に基づいて、各国立大学が実施してきた減免措置の対象には、年収380万円以上から約470万円未満の世帯も含まれていた。ところが、今回の法案によって年収380万円以上の世帯は、新制度では対象外になってしまう。

「大学等における修学の支援に関する法律」によって、2019年度までは授業料の免除を受けてきた学生が、2020年度からは全額支払いを求められるようになる。半額免除を求めて国立大学を目指してきた受験生が、入学寸前に門戸が閉ざされる事態も起こり得る。ここでは「大学等における修学の支援に関する法律」は修学支援どころか、高等教育からの排除と教育機会の不平等を生み出してしまう。

大学生のほぼ2人に1人が奨学金を利用しているという実態からは、低所得層のみならず、中位所得層も高等教育費の高さに苦しんでいることが明らかである。新制度がこの層への対策を講じていないことは大きな問題である。

第3の問題点は、支援のための財源が消費税（10％増税時の増税分）と決められていることである。消費税は低所得者に負担の重い逆進性の強い税である。たとえ住民税非課税世帯への支援が行われても、その世帯も消費増税による負担が増すことに変わりはない。

今回支援の対象から外れる380万円以上（4人家族の場合）の中位所得世帯に至っては、消費税の負担増のみが重くのしかかることとなる。現在でも年収400万円以上600万円未満世帯の学生の四年制大学進学率は、1000万円超世帯の7割に留まっている（財政制度等審議会配布資料）が、こうした負担増は教育格差を助長するだろう。

今回の法案は「住民税非課税世帯・それに準ずる世帯」と「それ以外の世帯」との教育格差是正には有効に働くかもしれないが、「年収600万円未満世帯」と「それ以上の世帯」との格差は、むしろ拡大する危険性が高い。これでは「無償化」の目的である「教育の機会均等」は実現しない。以上のように、今回の「大学等における修学の支援に関する法律」には数多くの問題点がある。

3.「大学等における修学の支援に関する法律」の狙い
――新たな「分断」の構築と受益者負担の維持

このように今回の「大学等における修学の支援に関する法律」を、「高等教育無償化」と呼ぶのは適切ではなく、政府による宣伝やマスコミ報道は多くの人々に誤解を引き起こす危険性をもっている。

この「大学等における修学の支援に関する法律」の導入はなぜ行われたのだろうか。そこには2013年以降に広がった奨学金運動に対抗するために、新たな「分断」を構築し、受益者負担を維持する狙いがあったと見ることができる。

2013年3月に「奨学金問題対策全国会議」が発足してから、3年後の2016年中に給付型奨学金の導入が決定されたことは、奨学金が短期間のうちに社会問題化として広く認識されたことを意味している。奨学金が社会問題としてすばやく認知された要因の一つは、奨学金利用者が約半数にまで達していたことにより、奨学金返済の困難が一部の低所得層だけでなく多数の中位所得層にも切実な課題であったことにある。一部の低所得層のみが関わる問題であれば、これほど短期間に大きな社会問題となることはなかっただろう。

2017年に導入された給付型奨学金制度は、その対象も金額も限定的であった。しかし、低所得層と中位所得層の連帯が続けば、富裕層や法人課税の強化によって、給付型奨学金の一層の拡充や学費軽減を求める動きへと発展する可能性は十分にある。それは高等教育費の受益者負担の論理を切り崩し、垂直的再分配の強化によって高等教育の費用を私費負担から公費負担へと移行することを意味する。公費負担拡充の延長上には高等教育の「無償化」＝「脱商品化」が見えてくる。

低所得層と中位所得層の連帯が、富裕層や法人課税強化といった「応能負担」税制の実施による給付型奨学金の拡充や大学学費の引き下げといった社会民主主義政策への要求へと発展すれば、それは安倍政権が進める新自由主義政策への根本的批判へとつながってしまう。

給付型奨学金制度の拡充を求める運動が、新自由主義政策への根本的批判となることを回避するために選んだ政策が、今回の「大学等における修学の支援に関する法律」である。高等教育無償化という耳ざわりの良い言葉を使用することで大衆を幻惑しながら、一部の低所得層を無償化の対象とする「選別主義」をとることで、学費や奨学金問題の矮小化をはかる。そして、低所得層のみを無償化の対象とすることで中位所得層の嫉妬をかきたて、低所得層と中位所得層の「分断」を促進する。財源が消費税であることは中位所得層にとって負担が重く、両者の分断はより強化される。両者を分断することによって、富裕層や法人への課税強化など垂直的再分配を求める要求を弱めるという戦略である。中位所得層までも含む社会問題として認識され始めた奨学金や学費への関心を、最小限の財政出動によって鎮静化させることが狙われたのである。

学費負担軽減が一部「例外」の低所得層に対してのみ行われ、大部分の中位所得層にとっては高学費の負担が続くことで、高等教育の費用について「受益者負担」の構造は残り、それを支える大衆意識も継続する。受益者負担の意識が継続する限り、教育費の「脱商品化」=「無償化」へ向けての社会的要求が高まることはない。「大学等における修学の支援に関する法律」の狙いは、低所得層と中位所得層との連帯を断ち切り、分断を生み出すことで新自由主義政策への根本的批判を回避することにあったと見ることができる。

4 高等教育への統制強化と格差拡大

「大学等における修学の支援に関する法律」には低所得層への学費負担軽減策とセットで、高等教育への統制強化と格差拡大政策が盛り込まれている。何よりも重要なのは支援の対象となる学校に「機関要件」が定められていることである。大学等が機関要件を満たさず、「確認大学等」と認められなければ、学生は授業料・入学金の減免を受けることはできない。このことは財政支援を受けたい各高等教育機関にとって、事実上の強制を意味する。

公費を投入するからには、一定の水準を満たした高等教育機関でなければならないという考え方は、俗耳に入りやすい。しかし、大学等はみな、学校教育法及び都道府県知事の認可を受けて設立されたものであり、教育内容は質の違いがあったとしても制度上は高等教育機関としての基準を満たしていると判断するのが妥当である。一定の基準を満たしているはずの高等教育機関に、新たな機関要件を定めるということは、高等教育機関を「選別」することに他ならない。

「大学等における修学の支援に関する法律」の目的を示す第一条は次のようになっている。

この法律は、真に支援が必要な低所得者世帯の者に対し、社会で自立し、及び活躍することができる豊かな人間性を備えた創造的な人材を育成するために必要な質の高い教育を実施する大学等における修学の支援を行い、その修学に係る経済的負担を軽減することにより、子どもを安心して生み、育てることができる環境の整備を図り、もって我が国における急速な少子化の進展への対処に寄与することを目的とする。（下線部：筆者）

この条文からも政府は支援の対象を「人材育成のための教育」に限定したいと考えていることを示している。支援対象として「確認大学等」を定める理由について文部科学省は次のように説明している。

「大学等での勉学が職業に結びつくことにより格差の固定化を防ぎ、支援を受けた子どもたちが大学等でしっかりと学んだ上で、社会で自立し、活躍できるようになるという、今回の支援措置の目的を踏まえ、対象を学問追究と実践的教育のバランスが取れている大学等とするため、大学等に一定の要件を求める」(4)

つまり、支援を受けた学生が実社会で通用するようになるのが目的なので、アカデミズムのみではなく、実学と両立させている大学でなければ支援対象とはしないと言っているに等しい。この機関要件によって実学を優先している大学を優先すること、またこれによって大学教育全体を実学志向に変質させることが狙われている。

「大学等における修学の支援に関する法律」の「支援措置の対象となる大学等の確認要件（機関要件）について」（省令）には、「事務経験のある教員による授業科目が標準単位数（４年制大学の場合、124単位）の１割以上、配置されていること」「法人の『理事』に産業界等の外部人材を複数任命していること」「直近３年度のすべての収容定員充足率が8割未満」などが定められている。

省令には、実務経験のある教員による授業科目や理事の選任についての条件が提示されている。しかし、授業科目の設置や理事に誰を選任するかは大学の運営の根幹に関わる事項であり、個々の大学の実情に照らし、それぞれの現場で民主的プロセスの中で判断されるべきことである。それにもかかわらず、政策誘導的な基準が設けられている。

このことによって、人文社会科学系などアカデミックな教育研究を主とする大学は「実務経験のある教員による授業科目」を１割以上開設するという機関要件を満たさず、支援の対象にならない可能性がある。機関要件を満たすために「実務経験のある教員」の授業科目を無理やり増加させれば、学問研究の水準が下がったり、カリキュラムが歪んだりする大学が出てくる危険性があるだろう。現在の時点では、学生に対しては当該科目を履修することを義務づけていないが、将来的に履修が義務づけられる可能性は否定できない。その場合には、支援を受ける学生が自分の学びたい学問を選択する機会を狭められることにもなる(5)。

また、学校法人の理事に産業界等の外部人材を導入する政策は、産業界や政府による大学運営への介入をもたらす危険性とともに、政府の経済政策に合致した大学や学問分野のみが優遇されることにつながる。それは産業競争力強化の目的に大学や学問を従属させ、大学における「学問の自由」を脅かすこととなるだろう。

省令ではさらに、「直近３年度のすべての収容定員充足率が8割未満」を機関要件として設けている。「定員割れ」と「教育の質が確保されていない大学」とを直接結びつける発想は、事態の表層のみを捉える誤りである。定員割れに苦しむ経営困難大学の多くは、人口減や基幹産業の衰退に悩む地方の中小規模大学である。「定員割れ」によって選別を行うこうした政策は、大学間格差を拡大するとともに、機関要件から外れた大学にスティグマとしての機能を果たすことになる。このことが地方大学の淘汰を促進すれば、大都市圏と地方との教育格差を一層拡大させることになる。

ここまで見てくると「大学等における修学の支援に関する法律」は、1990年代以降の高等教育政策の延長上に位置づけることができる。1991年の大学設置基準の大綱化はカリキュラムの自由化・規制緩和の名の下に行われたが、実際には一般教育科目の削減と国立大学の教養部の廃止が進んだ。一般教育科目の削減は、教養教育の空洞化と大学教育の実学化をもたらした。

2004年に行われた国立大学の法人化は、大学の自由度が増すというスローガンの下に進められたが、実際には政府が個々の大学への意思決定を実質的に操作するシステムをつくり上げた。経営権と教学権の両者を学長と理事からなる役員会へと集中し、学校教育法が定める教授会の権限を事実上空洞化させた。教授会自治が否定され、学長への権限集中が進んだ。学長の下に大学法人の経営について審議する機関として経営協議会を設置し、経営協議会委員の２分の１以上を学外者から採用することを定めたため、学外の政財官の出身者が各国立大学の運営に直接指揮権を発動することが可能となった。また、学長選出の最終権限は学長選考会議にあるものとされ、教職員による意向投票の結果が学長選考会議によって覆される事態が続出することとなった。教職員による民主的な意思決定のプロセスは大きく損なわれた。

国立大学法人化の過程は、政府の高等教育予算の削減をともなっていた。それまでは国立学校特別会計によって賄われていた国立大学の予算を運営費交付金に転換し、それを効率化係数として毎年１％ずつ逓減していく。大学はそれに見合う自己収入を増やしていかなければ予算削減を余儀なくされる構造となった。他方で削減によって取り上げた予算は大学の「改革」に応じて競争的に配分される資金となり、一層「改革」競争を煽ることになった。こうして文部科学省による国立大学へのコントロールが増したのである。私立大学についても政府は私立学校振興助成法に基づく私学助成の経常費比率を低下させる一方で、2002年度から文部科学省自らが競争的資金として各大学への補助を直接行う「私立大学教育研究高度化推進特別補助制度」が創設された。行政直轄の補助制度によって政府による私立大学へのコントロールが強化された。

2014年に行われた学校教育法と国立大学法人法の改定は、2004年に行われた国立大学法人化でなされたガバナンス強化路線をより実質化し、それを私立大学へも拡張するものであった。「大学には、重要な事項を審議するため、教授会を置かなければならない」と定めた学校教育法93条を改定し、教授会の法的権限は「学生の入学、卒業及び課程の修了」「学位の授与」及び「教育研究に関する重要な事項で、学長が教授会の意見を聴くことが必要であると認めるもの」について学長に「意見を述べる」役割に限定されてしまった。その結果、教員人事、教育課程、教学組織、教学予算に関して審議する法的根拠が教授会から剥奪され、学長の執行権に帰属することとなった。

「大学等における修学の支援に関する法律」は、1990年代以降の大学教育の実学化や政府による統制強化を一層推し進めるものである。「実務経験のある教員による授業科目」を１割以上という規定は、すべての大学、短大、専門学校に適用されることで高等教育全体の実学化をより具体的に推し進めることになる。また、学校法人の「理事」に産業界等の外部人材を複数任命する規定は、政財官による大学運営への統制強化をさらに強めることになるだろう。

「大学等における修学の支援に関する法律」では、これが学生への修学支援とセットで行われる。18歳人口が急速に減少し、運営費交付金や私学助成が削減されるなか、学生への修学支援を断ることができる財政的余裕は、多くの大学に残されていない。大学教育の実学化や理事への外部人材の登用を、たとえ消極的であったとしても多くの大学が受け入れざるを得ないだろう。

5．おわりに

「大学等における修学の支援に関する法律」は高等教育「無償化」と宣伝されたが、実際にはそれとは異なる内容となっている。

2013年以降、日本学生支援機構の奨学金が深刻な社会問題となり、奨学金制度の改善を求める社会運動は低所得層と中位所得層の連帯を生み出すことによって大きく盛り上がり、短期間で給付型奨学金制度の実現をもたらした。

それに対して「大学等における修学の支援に関する法律」は、無償化や学費減免の対象を「真に支援が必要な」低所得世帯（住民税非課税世帯とそれに準ずる世帯）に限定し、中位所得層との分断を図っている。低所得世帯を「例外」とすることで、高等教育費の受益者負担の構造を維持したのである。また、「大学等における修学の支援に関する法律」は、1990年代以降の高等教育の実学化や政府による統制強化の延長上に位置づけられる。グローバル経済に貢献する内容に偏する実学化や政府による統制強化は、大学における「学問の自由」や高等教育の多様性を奪うことになるだろう。

こうした高等教育政策の現状をどのように転換していけば良いのだろうか。それは高等教育における学費・奨学金のあり方と「学問の自由」の実現という両面について考える必要がある。学費についての望まれる方向は、民主党政権（当時）が2012年９月に国際公約した「高等教育の無償教育の漸進的導入」の理念に立ち返ることである。「無償教育の漸進的導入」（漸進的無償化原則）は、国際人権（社会権）規約（A規約）13条２項(b)(c)に根拠を置くものであり、権利としての高等教育へのアクセスを無償教育によって実現する、という考え方に立脚している。この「高等教育の漸進的無償化」は、日本の国公私立大学、短期大学、大学院のすべてにおいて、現行の大学経営の構造を転換するための重要な契機となる。それは「受益者負担原則」から「漸進的無償化原則」への移行である。

しかし、今回の「大学等における修学の支援に関する法律」は支援対象を世帯年収380万円未満に制限した上で、支援内容も授業料等の減免と給付型奨学金の「拡充」の範囲に留めている。そのことが引き起こす様々な問題に加えて、「無償化」と限定的な「支援」とは原理的に一致しないという点が重要である。無償化の方向を目指すのであれば、授業料減免の対象や要件を狭く設定してはならない。

何よりも優先されなければならないのは、貸与型奨学金が多額の「借金」となって多くの人々を苦しめている現状を一刻も早く改善することだ。1990年代初頭のバブル経済崩壊以降、大学等の高等教育機関を卒業した後、就職難や雇用の不安定に苦しんできた人々は、社会や時代の犠牲者である。彼らの多くが高等教育機関在学中に利用した奨学金の返済に苦しんでいる。奨学金の返済に苦しむ人々を放置したまま、これから進学する学生のみの支援を進めることは新たな「分断」を引き起こす恐れがある。

奨学金を返済することが困難な人々の救済制度の充実に加えて、「氷河期世代」や「貧困世代」と呼ばれるほど困難な状態に置かれている人々を救済する措置として、「債務帳消し」を含めて奨学金返済負担の抜本的軽減策を構想すべきだ。奨学金返済負担の軽減は返済困難に苦しむ人々を救うばかりでなく、結婚や出産を躊躇している多くの若者のライフコースにおける選択肢を拡大し、未婚化や少子化などの社会問題を改善する可能性が高い。

高等教育費用の軽減策としては、一部の低所得者に支援を限定する「選別主義」を取るのではなく、すべての学生の高等教育アクセスを可能とする「普遍主義」を取るべきだ。重要なのは、あらゆる学生を対象とする高等教育機関の学費軽減（受益者負担原則から漸進的無償化原則への移行）と給付型奨学金の抜本的拡充である。

大学教育の実学化や大学への統制強化に対しては、憲法23条「学問の自由」の原則に立ち返ると同時に、「大学とは何なのか」という規範に関わる議論を現代社会との関係で深める必要がある。確かに2014年6月に成立した学校教育法及び国立大学法人法の一部を改正する法律によって、日本の大学のガバナンスは大きく変わり、教授会の広範な決定権は吸い上げられ、学長に決定権が集中することとなった。このことで「教授会自治」の時代は終わったといえる。

しかし、大学ガバナンス（統治機能）の法的拘束性（一元性）と憲法23条「学問の自由」に根拠づけられる各大学の自治機能（多元性）の確保とは、鋭く葛藤する。前者が後者を圧迫することになれば、大学での研究や質は明らかに低下する。また、経済的有用性に基づく実学の拡大や「知の企業体化」を推し進めれば、就職予備校や企業の研究所との区別が曖昧となり、大学の存在価値そのものを危機にさらすこととなるだろう。

産業競争力の強化や経済的有用性など特定の目的に従属することなく、知そのものの追求を目的とし、多様性と多元性をもつ「知の共同体」としての大学の価値は、現代社会においてもその重要性を失っていない。新自由主義グローバリズムによって格差と貧困が深刻化している状況、移民への排斥をはじめとする排外主義の広がり、温暖化をはじめ地球全体を危機に追い込んでいる気候変動など、人類が抱える公共的・市民的課題に取り組むためには、「知の共同体」としての大学が存在することが重要な価値をもつだろう。

重要なことは、受益者負担原則から漸進的無償化原則への移行と「学問の自由」を実践する「知の共同体」としての大学を追求する動きを結び付けていくことである。受益者負担原則に基づく高等教育予算全体の縮小と政府による操作的配分システムの強化こそが、大学における研究や教育を強く統制する要因となっているからである。

「大学等における修学の支援に関する法律」に見られるように、現在の日本の高等教育政策は国内では受益者負担原則を維持しつつ、国際基準（国連人権規約）の漸進的無償化原則をも承認するという相矛盾する立場をとっている(6)。この矛盾を的確に批判することを通じて、高等教育政策の転換を実現することが強く求められていると考える。

注

（1）「大学等における修学の支援に関する法律」では専門学校も対象として含まれている。この法律が専門学校に与える影響は興味深いテーマであるが、本稿では扱うことができなかった。今後の課題としたい。

（2）これは授業料をはじめとする高等教育費が高いことの反映でもある。「大学等における修学支援に関する法律」の対象者とならなければ、大きな負担を強いられる。

（3）給付型奨学金を回せば学費負担分は満たすことができるが、その場合には他の修学費用の負担を強いられることとなる。

（4）文部科学省「高等教育の無償化に係る参考資料」2018年11月21日

（5）この制度では大学院は当初から対象から除外されている。学生はこの制度を利用して大学院で学ぶことはできない。低所得世帯出身の学生には学問研究をする機会は与えられず、就職につながりやすい実学を学ぶことを求める志向を読み取ることができる。

（６）新聞報道によれば、国が標準額を定める国立大の授業料について、文部科学省は、大学の裁量で金額を決められるようにする「自由化」の是非について検討を始めた（『朝日新聞』2020年２月21日）。国立大学の授業料の「自由化」が実現すれば、各国立大学は授業料を自由に引き上げることが可能となり、漸進的無償化からは一層遠ざかることとなる。

＜参考文献＞

広田照幸『大学論を組み替える』名古屋大学出版会、2019年

石原俊「大学の＜自治＞の何を守るのか」『現代思想』第42巻14号青土社、pp.68-83、2014年

中嶋哲彦「大学等修学支援法と教育の機会均等」『経済』No.291新日本出版社、pp.82-91、2019年

大河内泰樹「ガバナンスという名の従属」『現代思想』第42巻14号青土社、pp.47-59、2014年

大内裕和「日本の奨学金問題」『教育社会学研究』第96集日本教育社会学会、pp.69-86、2015年

大内裕和「大学進学の現状と未来――学費と奨学金から考える」『公教育計画研究』第７号公教育計画学会、pp.42－56、2016年

大内裕和『奨学金が日本を滅ぼす』朝日新聞出版、2017年

大内裕和「「高等教育無償化」のウソ～真の「教育の機会均等」を実現するために必要なこと」『情報・知識＆オピニオンimidas』(https://imidas.jp/jijikaitai/F-40-187-19-08-G600)、2019年

大内裕和『教育・権力・社会』青土社、2020年

Readings,Bill The University in Ruins, Harvard University Pres,1997（=青木健・斎藤信平訳『廃墟のなかの大学』法政大学出版局、2018年）

重本直利「大学経営の構造転換」『現代思想』42巻14号青土社、pp.132-142、2014年

Trow,Martin "Trust, Markets and Accountability in Higher Education :A Comparative Perspective", HigherEducationPolicy,Vol.9,No.4,pp.309-324, 1996

（公教育計画学会会員　中京大学）

公教育計画学会　第11回大会
公開セッション・公開シンポジウム

公教育計画学会　第11回大会
公開セッション・公開シンポジウム

公教育計画学会

公教育計画学会　第11回大会　公開セッション
「教職員への統制強化に抗する」

2019年６月16日（日）於：石川勤労者福祉文化会館
（フレンドパーク石川）

第11回大会では、２日目の午前に「教職員への統制強化に抗する」と題し公開セッションを開催した。基調報告者は、田口康明会員と白山市議会議員の山口俊哉氏に努めてもらった。

年報を編集するにあたり、お二人に改めて報告内容を文章にすることを依頼した。以下に掲載する。

【基調報告】

報告１「教員の多忙化への対応を通じた統制」

田口　康明（公教育計画学会会員　鹿児島県立短期大学）

**報告２「学校多忙の現状とこれから
——先生と子どもたちの笑顔のためにできること」**

山口　俊哉（白山市議会議員）

報告1　教員の多忙化への対応を通じた統制
田口康明

働き方改革は、教員の多忙化をめぐる問題であるが、教員の資質能力の向上をめぐる問題や業務分担の問題としてセットになって議論されている。

「学校教育において、求められる人材育成像の変化への対応が必要である」とした、2012（平成24）年8月28日の中央教育審議会答申「教職生活の全体を通じた教員の資質能力の総合的な向上方策について」以降、教員の多忙化が様々に問題視され、学校における教職員のメンタルヘルス（教員攻撃の鎮静化）や業務環境の改善が政策課題となった。具体的には、2013（平成25）年3月29日の「教職員のメンタルヘルス対策について（最終まとめ）」（教職員のメンタルヘルス対策検討会議）以降、これらが並行・合体していく。

そして、2015（平成27）年12月21日の中教審答申「これからの学校教育を担う教員の資質能力の向上について～学び合い、高め合う教員育成コミュニティの構築に向けて～」では、日本の教員は勤務時間が長く、「研修へのニーズは高いものの、日常業務の多忙化などにより必要な研修のための時間を十分に確保することが困難な状況である」とし、校務支援システムの活用など学校における業務の精選や効率化、教職員の役割分担の見直しや専門家の活用、組織体制の強化、地域との連携などチームとしての学校の力の向上を図るための措置を講じることの必要性が強調された。

日本の教員の勤務時間については、2016年度に「教員勤務実態調査報告書」が公表され、前回調査（2006年度）と比較して、平日・土日ともに、いずれの職種でも勤務時間が増加したこと、教諭（主幹教諭・指導教諭を含む）については、一日当たり、小学校平日43分・土日49分、中学校平日32分・土日1時間49分の増加。一週間当たりの学内総勤務時間について、教諭のうち、小学校は55～60時間未満、中学校は60～65時間未満、副校長・教頭のうち、小学校は60～65時間未満、中学校は55～60時間未満の者が占める割合が最も高いことなどが示された。

公立学校教員には教職調整額として、本給の4%が支給される代わりに時間外勤務手当が支給されずに、勤務時間管理がほとんど行われていないという非近代的職場であった。

2018（平成30）年8月公表の「教育委員会における学校の業務改善のため

の取組状況調査結果」では、教職員の勤務時間管理の把握方法について、「タイムカードの導入等で管理している」と回答した教育委員会は都道府県で18(38.3%)、政令市で 9 (45%)、市区町村で696 (40.5 %)。調整額の根拠は制度発足時、中学校教員の超過時間の平均が 4 %程度であった、といわれている。当てはめると小学校で30%近く、中学校では40%程度まで引き上げる必要があり、義務教育費の国庫負担分だけで3000億円が必要、文科省の担当課長による試算がなされている (「学校における働き方改革特別部会」の第 8 回議事録)。

2016年 4 月に文科省内に設置された「次世代の学校指導体制にふさわしい教職員の在り方と業務改善のためのタスクタフォース」の報告書「学校現場における業務の適正化に向けて」では、「現在の業務を大胆に見直し、教員の行うべき業務、専門スタッフや事務職員等と連携・分担すべき業務、地域の協力を積極的に得るべき業務、精選すべき業務を明確にすべきことが指摘され、教育委員会が示す業務見直しの改善目標等を路まえつつ、校長のリーダーシップの下、教職員の役割分担を大胆に見直し、業務の効率化・最適化を図るとともに、組織的・機動的な体側づくりを推進するべきである」とされた。しかし、「教育委員会における学校の業務改善のための取組状況調査」(平成30年度) では業務改善方針・計画等の策定率は、都道府県で91.5%、政令市で85%であったが、市町村では20.8%にとどまっている。

中教審は、学校における働き方改革特別部会設置し、「過労死ライン中学校で6割」の報道等への対応策として、2017年 8 月29日に、学校における働き方改革特別部会が「緊急提言」を発表、そこでは、1. 校長及び教育委員会は学校において「勤務時間」を意識した働き方を進めること、2. 全ての教育関係者が学校・教職員の業務改善の取組を強く推進していくこと、3. 国として持続可能な勤務環境整備のための支援を充実させること、を指摘した。

さらに、学校における働き方改革に係る緊急提言「新しい時代の教育に向けた持続可能な学校指導・運営体制の構築のための学校における働き方改革に関する総合的な方策について (中間まとめ)」(2017年12月22日) を報告した。これを引き写す形で2017年12月26日「学校における働き方改革に関する緊急対策について」をだした。

2019年 1 月25日には答申「新しい時代の教育に向けた持続可能な学校指導・運営体制の構築のための学校における働き方改革に関する総合的な方策について (答申)」が出されるがこれまでの内容と変化はない。

火事場泥棒のように、教職員の業務分担の仕分けに入った。そこで「チーム学校の推進」に打ってかわり、資質論は下火になっていく。

加えて、業務委託も強化される。「それぞれの業務を適正化するための取組」として、給食費の公会計化もあるが、これも給食費の構造的な問題解決に向かうというよりも、「登下校の対応」のように「外部化」することを目的としている。こうした「外部化」は部活動で顕著で「部活動指導員」「外部人材」の活用、「将来的には，環境が整った上で，部活動を地域単位の取組にし，学校以外が担うことも検討する」とした。

学校の中核というべき教授学習過程にも及び、「授業準備・教材の印刷等の補助的業務や理科の実験や観察準備等について，教師との連携の上で，サポートスタッフや理科の観察実験補助員の積極的な参画を促進する」とした。さらには、「学習評価や成績処理」については「補助的業務は，教師との連携の上で，サポートスタッフ等の積極的な参画を促進する」「指導要録の参考様式の簡素化も含め，効果的で過度な負担のない学習評価の在り方を示す」とされた。

【表】「これまで学校・教師が担ってきた代表的な業務の在り方に関する考え方」（「中間まとめ）から）

基本的には学校以外が担うべき業務	学校の業務だが、必ずしも教師が担う必要のない業務	教師の業務だが、負担軽減が可能な業務
①登下校に関する対応 ②放課後から夜間などにおける見回り、児童生徒が補導された時の対応 ③学校徴収金の徴収・管理 ④地域ボランティアとの連絡調整	⑤調査・統計等への回答等 （事務職員等） ⑥児童生徒の休み時間における対応（輪番、地域ボランティア等） ⑦校内清掃（輪番、地域ボランティア等） ⑧部活動（部活動指導員等）	⑨給食時の対応（学級担任と栄養教諭等との連携等） ⑩授業準備（補助的業務へのサポートスタッフの参画等） ⑪学習評価や成績処理（補助的業務へのサポートスタッフの参画等） ⑫学校行事の準備・運営（事務職員等との連携、一部外部委託等） ⑬進路指導（事務職員や外部人材との連携・協力等） ⑭支援が必要な児童生徒・家庭への対応（専門スタッフとの連携・協力等）

負担軽減を目的に、業務を見直すことで、本来業務・補助業務・補完業務という観点から教職員の労働の内容を、議論なし（「学校は何をするところなのか」）に変革するものである。ここに、ビッグデータ処理を請け負う受験産業を中核とした教育産業への学校の門戸開放が透けて見える。「外国語について，新学習指導要領に対応した教材を開発し，希望する小学校に配布する」も紛れませ、「活動から教科へ」を利用していく。

「望ましい集団活動を通して」ということで、是非は別にしても、訓育的な要素を多分に含ませてきた「学校行事」についても、「従来学校行事とされてきた活動のうち，教科等の指導と位置づけることが適切なものについては，積極的に当該教科等の授業時数に含めるよう促す。」とされ、教科教育との一体化という方向での「学校行事の精選や内容の見直し」という合理化が進められる。部活動の外部化とあわせて、「学習」以外の活躍の場が教員から奪われていく。

人権教育が大切にしてきた「支援が必要な児童生徒・家庭への対応」も外部化される。「専門スタッフに任せる業務を明確にするとともに，専門スタッフの方がより効果的な対応ができる業務については，教師と連携しながら，これらの人材の積極的な参画を促進する。」とされ、学校での葛藤は「スクールロイヤー等の専門家」の活躍の場となる。

ここに、教員の主体性を奪ってきた自発的な服従である「教育の法則化」や行政主導の世界的な意味とはまったく異なる日本的な「学校スタンダード」がゼロトレランス的な規律への服従を求める児童生徒への管理強化をおこなう。教職員の労働は、より一層定型化されたマニュアル労働になる。

世界的な意味での「教育スタンダード」は学習の到達目標を明示し、自由な現場裁量によってその達成を促すもので、授業プロセス全般を管理することで教育の水準引き上げを狙うものではない。「スタンダード」は、プロセスは問わない。達成すればよいのである。手段は問わない。エビデンスがすべてである。ところが、日本に入ってきたとき、当初は「学習目標」を示したものが多かったが、徐々に、プロセス管理へ移行していく。さらには道徳的な規範へと変化する。新自由主義を日本の学校はなかなか受容できないのである。

2015年の財政審と文科省の攻防により、加配定数削減、国立大学運営費交付金削減がなされた。2017年度予算審議において、通級と日本語の指導の基礎定数化、「共同学校事務室」の加配がなされ、学校事務職員にも「つかさどる」という規定が設けられた。「チーム学校」によるマネジメントの強化の方向が

「共同学校事務室」となるということであろうが、その連関が見えない。

学校教育法改正により、従来「事務に従事する」と規定されていた事務職員の職務が「事務をつかさどる」とされた。従来から学校教育法施行規則では46条4項で「事務主任は、校長の監督を受け、事務をつかさどる（小学校、中学校、義務教育学校)」」と規定され、高等学校の事務長については、82条で「事務長は、校長の監督を受け、事務職員その他の職員が行う事務を総括する。」と改定された。この規定の文末は、改正前には「総括し、その他事務をつかさどる」とされていた。「つかさどる」ことがそれぞれの事務職員の職務となり、事務長はそれらを総括するのが職務となったのである。「従事」から「つかさどる」へ変更することで「マネジメント機能」を強化するということである。

事務職員の職務に関する審議会等での議論の経緯を整理すると、これまで、2008年中教審答申「今後の地方教育行政の在り方について」において、学校の事務・本務の効率化のために学校事務・業務の共同実施を推進するための方策を検討することなどが提言されたほか、2004年の中教審初等中等教育分科会教育行財政部会・学校の組織運営に関する作業部会の審議のまとめ「学校の組織運営の在り方について」において、事務の共同処理を行う方式など事務処理体制の整備について取り上げられ、その際に共同実施組織に事務長を置くことができるようにするなどの提言が示された。

同様の提言は2005年の義務教育特別部会の審議経過報告でも「事務の共同実施や共同実施組織に事務長を置くことを検討するなど、学校への権限委譲を更に進めるための事務処理体制の整備を進めることが必要である。」との提言が見られた。権限委譲（当時流行のSBM・学校を基礎とした管理）がなぜか共同実施という合理化へと帰結したのである。

そして、中教審のチームとしての学校・教職員の在り方に関する作業部会で集中的に検討が行われ、2015年12月の答申「チームとしての学校の在り方と今後の改善方策についての改善方策の中に、「国は、事務職員の職務規定等を見直し、事務職員が、学校における総務・財務等の専門性等を生かし、学校運営に関わる職員であることについて法令上、明文化することを検討する。」が示されたのであった。

スクールカウンセラー等の定数化が組み込まれることはなかったが、教職員定数の拡充と、共同学校事務室による学校事務体制の整備が進められることとなる。学校事務労働の外部化が決定される中、学校から離れる学校事務職員とは何かという根源的な問題が問われている。

改正により新設される定数は標準法に規定されるので、従来の学級数に応じた教職員定数とどう関連するのか。また2020年度より地方公務員法及び地方自治法の一部改正法が施行されることとなり、地方自治体の特別職の規定が厳格化され、従来の非常勤職員の多くが一般職となる。いわゆる「会計年度任用職員」であるが、これに伴い学校等で任用する非常勤講師等の服務義務等が変わってくることが想定される。これまで以上に非常勤職の教員が多くなる、雇いやすくなることも予想され、そうした教員の職務のあり方にも関心が向けられる必要があるだろう。

本工と臨時工の関係が拡大・固定化されることによって、学校の組成が大きく変化する。本工での差別意識の拡大が学校を差別的な職場へと変化される。

その他、今日の問題だけを以下に列挙して終える。

○地域・家庭の下請け化としての社会に開かれた教育課程。

○教員養成課程の統制としての、教職コアカリキュラム、それによる教員養成における教育内容の標準化。

○英語コアカリキュラムによって、英語をきっかけに各教科への統制の拡大。

○高等教育費負担軽減を利用した大学での成績管理。外部理事の導入による大学の自治の崩壊。文科の統制機関としての許認可権。

○アクティブ・ラーニングによるPISA型competencyと結びついた資質能力の公式化。

○分離別学を進める多様な場でおこなう日本型インクルーシブ教育の拡大。

報告 2　学校多忙の現状とこれから
――先生と子どもたちの笑顔のためにできること
山口　俊哉

妻聡美が2016年 1 月に小学校現場で、くも膜下出血で倒れ、2 月に亡くなってから、3 年がたちました。2017年 2 月に 1 年間かけて資料をつくり、公務災害申請をしていましたが、2018年 9 月に校務外との認定がでました。2 学期の時間外労働時間は100時間を超えていますが、倒れる直前の 1 ヶ月間は、冬休みや年末年始の休みもあり、時間外労働時間は40時間程度なため、校務外とされました。到底、納得できません。

公務災害申請の資料作りに 1 年もかかったのは、正確な出退勤時間がわからず、時間外労働時間の算出に時間がかかったからです。時間外労働時間の算出には、野々市市教育委員会の協力を得ることができました。野々市市教委は調査委員会を立ちあげ、教員一人ひとりに貸与しているパソコンのログイン・ログアウト時間から、時間外労働時間を算出しました。野々市市教委の協力がなければ、まだまだ、資料作りには時間がかかったと思います。

現在は、2018年12月に審査請求の申請をしたところです。（裁判で言う控訴審に相当します。）以下の 3 つの観点で、見直しを求めています。

①時間外労働時間はもっとあった。（持ち帰り残業を含めて）

②主任の業務はもっと過酷で、責任も重い。

③冬休みや正月に寝込んでいることから、くも膜下出血を12月中に発症していた。

特に、③の観点は重要で、これを認めてもらわないと、公務災害に認めてもらえないと思っています。

この状況の中、マスコミの注目を集め、新聞やテレビに多く取り上げてもらいましたし、署名活動にも参加してきました。しかし、現状はほとんどかわっていません。

まず、石川県での教員の実態ですが、普通に働いていても、時間外労働が月100時間を超える状況となっています。昨年度の石川県のデータで、80時間以上の時間外労働がある教員の割合は、小学校で8.8％、中学校で30.3％、高校で8.9％となっています。

なぜこのような状況になったのでしょうか。4点指摘します。

①職員会議の位置づけの明確化

2000年1月に学校教育法施行規則等の一部の改正が行われ、「職員会議は校長が主宰する」となった。当時の文部科学省の通知にはこのような部分があります。「(前略) 職員会議についての法令上の根拠が明確でないことなどから、一部の地域において、校長と職員の意見や考え方の相違により、職員会議の本来の機能が発揮されない場合や、職員会議があたかも意思決定権を有するような運営がなされ、(後略)」「(前略) 職員会議は校長が主宰するものであり、これは、校長には、職員会議について必要な一切の処置をとる権限があり、校長自らが職員会議を管理し運営するという意味である (後略)」このことにより、職員会議が議論の場でなくなり、職員会議が校長からの指示伝達会議化しました。

② 組合との交渉事項の変更

勤務労働条件のみが交渉事項であり、教育内容などは教育委員会 (校長) の専決事項であり、除外するとした。このため、学力状況調査の事前練習や教職員の研修内容について、組織的に反対できなくなりました。

③ 説明責任を果たすための書類づくり

教育委員会バッシングや裁判に対応するための書類づくりが強要され、書類 (報告書) 作りに時間が費やされるようになりました。書類をつくるために教員になったのではありません。具体的には

（1）週案の作成

以前は、タイトルや項目のみでしたが、現在は、タイトルや項目の他に、主要な質問やまとめの記入が求められている学校が多いです。

（2）各種報告書

委員会提出や校内保存など、かつては口頭報告ですんでいたものまで、文書での報告となっています。

④ 全国学力状況調査対策

国の学力状況調査は小6の国語・算数、中3の国語・数学。3年ごとに理科を実施している。また、石川県は基礎学力調査と称し、小4の国語・算数、小6の理科 (国がない場合) ・社会、中3の社会・英語を実施している。つまり、主要教科は毎年調査しています。

石川県では全国学力状況調査で上位をキープするため、また全国1位をとる

ために、事前練習が盛んに行われており、また、石川県では市町ごとの平均点を公表しているため、市町間の競争が起きています。

県教委の事前練習として、12月に評価問題の実施（対象小 5、中 2）し、各小中学校で採点させ、結果の報告を求めています。成績の振るわなかった学校には特別指導を入れています。各学校ではそれを避けるために、9 月頃から過去問に取り組んでいます。

また、学力向上ロードマップを作成させ、実施を強要しています。内容は年間 3 回PDCAサイクルをまわすことを求めています。

白山市教委では、朝自習用にチェックシート（過去問からの抜粋）を作成し、各学校に活用させています。また、検証問題を作成し、各学校で活用させ、同じ問題を繰り返し取り組ませています。2 月には小学 3 年生対象の事前テストも実施しています。

各学校では 4 月のテスト前に事前練習を行い、調査後は、コピーをとり、自校採点を行っています。

多忙化解消のためには、以下の 6 点を提案します。

①学校や教員以外の業務と仕分けされた業務の外部委託化

②労働時間の正確な把握のためのタイムカードの導入。

③時間外労働の削減のための事務の簡略化

④教員定数を見直し、現状の1.5倍から2 倍にする。

⑤休憩時間の確保のために、教職員以外のボランティアの活用。

⑥部活動の社会体育化し、学校教育から切り離し、クラブチーム化。

最後に、現在石川県の学校現場では、学力状況調査の点数のみを追う状況が生まれており、不登校生の増加など、問題が起きています。特に若い先生方が、学校はこんなものと思わないようにしていく必要があると感じています。

公教育計画学会　第11回大会　公開シンポジウム
「自由な授業・学校を目指して」

午後からは、「自由な授業・学校を目指して」と題して公開シンポジウムを開催した。

【公開シンポジウム】
【シンポジスト】**徳田　　茂**（ひまわり教室）
北川　　茂（能美市立湯野小学校教員）
田村　光彰（元北陸大学教員）
【コーディネーター】**石川　多加子**（公教育計画学会会員　金沢大学教員）

シンポジウムの登壇者には、ご自身の発言等を、改めて文章にしていただいた。

分けた場での教育が追求されている
――インクルーシブ教育を阻む行政の姿勢

徳田　茂

1．はじめに

2006年に国連で採択された障害者権利条約では、第24条において「インクルーシブ教育の推進」が謳われている。

インクルーシブ教育は、障害者のためだけに行われるものではなく、その国の全ての人のために行われるものであり、すべての人にとって必要な教育である。とりわけわが国のように、「わが国は単一民族の国家である」と思い込んでいて、いかにもそれが良いことだと考えているらしい大臣がいるような国においては、インクルーシブ教育の実現は喫緊の課題である、と私は考えている。

障害者権利条約の批准に向けた国内法の整備の一環として、2013年 9 月 1 日の文科省通知により従来の差別的な就学手続きが改められた。

ただこの改正が不十分であったために、わが国ではインクルーシブ教育がいっこうに広がっていない。1990年代の後半からずっと続いている「分離された場での教育（分離教育)」の拡大は今も続いている。

ここでは私の身近な例として、金沢市教育委員会の障害児教育の問題を取り上げ、インクルーシブ教育の実現を阻んでいるものの１つとして、行政の基本的姿勢にふれてみたい。

2．「分離教育」を推進する金沢市教育委員会

（1）金沢市教育委員会の冊子からのメッセージ

全国的にも同様な動きがあるようであるが、金沢市教育委員会は近年、早期からの就学相談に力を入れている。保育所や幼稚園を通じて就学を迎える子どもの保護者の中でわが子の発達が気になる人に対して、早くから相談の機会を作っている。

その相談の際に保護者に配られる冊子『金沢の特別支援教育』を見ると、金沢市教育委員会の姿勢が如実にわかる。

まず表紙のサブタイトルであるが、「金沢市の特別支援学級および近郊の特別支援学校の紹介」となっている。「通常学級」が含まれていないのである。金沢市教育委員会は、「特別支援教育は分けた場で行うものです」というメッセージを保護者に伝えている。サブタイトルだけを見ると、何十年も前の「特殊教育」の紹介かと思ってしまう。私は2018年度版を見てその問題点を指摘し、改めるように申し入れたのだが、2019年度版も同じサブタイトルで出されている。

次にその内容を見ると、2018年度版の２ページ目には、「通級による指導」「特別支援学校の教育」「特別支援学校の教育」が 4〜7 行で紹介されていて、そこにも通常学級がない。

続くページでそれぞれの所での教育の様子が写真入りで紹介されている。当然のことながら、通常学級の紹介はない。

こちらからの申し入れに応じて金沢市教育委員会が2019年度版で改めたのは、2 ページ目に「通常の学級の教育」として 2 行を加えたくらいである。3 ページ以降のそれぞれの所での教育の紹介の部分に通常学級が全く紹介されていないのは2018年度版と同じである。

さらに、こちらから2013年 9 月 1 日付けの文科省の通知に、就学手続きに

おける留意事項として「保護者の意見については、可能な限りその意向を尊重しなければならないこと」と記されていることを伝え、ぜひそれを冊子に載せるように申し入れたが、2019年度版にもその文言は載せられていない。

（2）分けた場への就学を勧める教育相談

金沢市教育委員会が分けた場での障害児教育を進めようとしているのは、当然のことながら、冊子だけの話ではない。

1学期半ば頃から始められる教育相談では、分けた場での教育が推奨されている。「わからない授業を聞き続けるのは子どもがかわいそう」とか「子どもの能力に応じてゆっくり学べるから」とか言って、通常学級でのたいへんさや特別支援学級や特別支援学校の良さが「相談員」から縷々話されるようである。

私自身はその場に立ち会ったことがないのだが、相談に行った保護者から聞くと「相談員」はかなり熱心に「分けた場」を勧めるようである。その口調はソフトで、ていねいな感じで話されるらしい。なかには「相談員」の言うことに反論する保護者もいるが、そうすると「子どものことを考えるように」と説諭されることになる。場合によってはかなりきつい言い方もされるようである。件の通知では教育委員会に対して、ていねいな情報提供が求められているが、私の聞く限りでは、通常学級に関するプラス情報はほぼ皆無である。私の身近にいる子どもの障害が比較的重いということも関係しているのだろうが、それにしても極端である。

行政がそういう姿勢でいるから現場においても差別発言が出てしまう。ある校長は、「本当は特別支援学校へ行くべき子が地域の学校に入れてもらっているのだから、遠足に親がついてくるのは当然」といった趣旨のことを保護者に言い、実際に付き添いをさせている。その子は、他の子と比べると歩くのが少し遅いという程度の子なのである。数年前の特別支援学級籍の子どもの話である。

（3）通常学級の中では

さてそうした振り分けが行われている金沢市内の学校の通常学級で何が行われているか。

金沢市を含め石川県内の学校の「全国学力テスト」の成績は例年上位に位置している。この学力テストの位置をキープするために、金沢市内の学校では過去の学力テストから選んだ問題（過去問）をプリントして子どもたちに解かせる取り組みが続けられている。特に小学5年生と中学2年生については力を入れた取り組みになっている。

たとえば、月に数回、掃除の時間をカットして過去問に取り組ませるなどのやり方がなされている。間違ったままで終わらせず、正答を記入させて終わりにする。時には放課後にも及ぶことがあるという。

学力テスト後には多くの学校で教員が手分けして独自で採点し、弱かった部分を分析してカリキュラム作りにつなげている。金沢市教育委員会はそこまでしなくてもよいと言っているようであるが、現場としてはせざるを得ない事情がある。

学力テストの成績が悪いと、金沢市教育委員会からその学校へ指導主事がやってくるのである。指導のためである。現場の人間としてはこれだけは避けたいであろう。これを避けるために、各学校の教員は嫌でも頑張ることになる。これはまさにダブルバインドである。かけられた者は身動きがとれなくなる。

過去問の作成とプリントの印刷・丸つけ・放課後学習・全体のレベルを上げるための授業・テスト後の独自の採点と分析などなど、学力テストのために費やす教員のエネルギーはたいへんなものがある。教員たちの話によると、学力テストでいい結果が出ることが一番の目標になっているような空気が学校内に漂っている所もあるようである。

こうした通常学級での取り組みの反映として、石川県教職員組合金沢支部が主催する教育研究集会のインクルーシブ教育分科会に、通常学級籍の子の話はおろか、交流教育に熱心に取り組んだという話も出てこない状況がある。ほとんどのレポートが特別支援学級の中での話である。かつてはここまでひどくはなかった。

通常学級では競争をベースとして「学力」向上を目指す。障害児にはその場とは別のところで個別支援を行う。これが金沢市教育委員会の基本スタンスのように見受けられる。教育の目標が二重構造になっているのである。

「成績向上」に向けた並々ならぬ取り組みの中へ障害のある子が入っていくのは至難のことで、それが教員たちのレポートにも表れていると言える。インクルーシブ教育とは無縁な競争主義的な「普通教育」の推進により、障害のある子どもたちが通常学級から締め出されているように思われる。

3．インクルーシブ教育への道は遠いが

近年若い保護者から、「無理して障害のある子を通常学級に入れる親がいるけど、子どもがかわいそうだ」という声をよく聞くようになった。

当の保護者は通常学級の様子も見ていて、とてもあの中に障害のあるわが子を入れる気になれない、と思っているようである。その人たちは障害のあるわが子と他の子が一緒に育つことをそれほど強く望まず、自分の方から特別支援学校や特別支援学級を選んでいる人も多いようである。

もっとも私たちの頃（ダウン症のわが子の入学は1979年の「義務化」の年）も、養護学校を勧める関係者やそこを選ぶ保護者が多く、そういう人たちから私はたいへん警戒されたり非難されたりしていた。その点は今とあまり変わらないのかもしれない。

現在の大きな問題は、分けられた場での教育の拡大が進むことに対して、当事者（この場合、現在障害のあるわが子を小・中学校に通わせている保護者）の中から強い異議申し立ての声があがらないということかもしれない。全国各地で、かつてのような「親の会」がとても少なくなっている。

加えて悩ましいことに、今の社会はさまざまなものがどんどん個別化していき、それが生活全体に及んでいる社会である。学校教育においてもそのスタイルが違和感なく受け入れられている節がみられる。こうした時に「共に生きる」とか「ちがいを認め合いながら」とか言っても容易に理解してもらえない。

そうした状況の中で障害のある子と障害のない子が共に学び共に育つインクルーシブ教育を推進するためには、「普通教育」を抜本的に見直し、競争的なものから共生的なものにしていくことが不可欠である。

しかし現実には金沢市の例で見たように教育委員会が競争的な「普通教育」を追求して、それに現場が縛られている現実がある。これを変えていくには相当なエネルギーを要する。

かつてもそうであったように、共に育つ教育を求める当事者が声を上げ続けることによって、一つひとつの実績を積み上げ、輪を広げていくことが、今も求められている。困難だからと言って諦めては、子どもたちに申し訳ない。

現場では、教育の自由が奪われている
北川　茂

はじめに――自己紹介・実践紹介

教師になって31年目。今まで、小学校の学級担任として教室に置いた学級ポストに入っていた意見を基にして、屋上での給食、黒板での落書き、クッキング（たこ焼き、ベビーカステラ、焼そば、かき氷、ケーキ作りなど）を中心としたお楽しみ会、学校合宿（学校全体でのかくれんぼ、プールを使っての浮き輪や水鉄砲遊び、カレー作り、肝試し、運動場での花火大会など盛りだくさんな内容を親子レクレーションとして実施）、運動場でのキャンプ（これも親レク）など、子どもの自治的な特別活動として行ってきた。児童会を担当する時には、子どもたちの時間と場所を、児童会室に掃除場所を固定することで保障し、例えばパフォーマンス大会（昼休みを使って、体育館のステージで歌、ダンス、縄跳びなど自分の得意なものを披露する自由な雰囲気の集会）なども子ども文化の表現として保障してきた。児童会ポストも作り、卓球室の開放や必要な場所への時計の設置など子どもの意見をどんどん実現してきた。そんな実践を通して、子どもの権利条約の意見表明権の保障と自分たちのアイデアが実現される学校・学級づくりをしてきた。その取り組みを通して権利行使の主体者として育てたいと考えていた。

また、参加体験型の平和教育にも子どもたちと楽しみながら取り組んできた。例えば、保護者への聞き取りを中心とした沖縄米軍基地の実践、地域の在日朝鮮人の集落へのクラス全員での訪問、青い目の人形が自分の学校に送られてきた歴史が学校沿革史ではっきりしている場合は、人形の捜索や地域の人への人形の名前の聞き取りなどを行い埋もれている戦争の歴史を子ども達と掘り起こす取り組み等。

それが今、学校現場では……

①学力テスト体制への大きな動きの中で、子どもたちの宿題は増え、宿題調べなども行われ、内ばきや外ばきズックの入れ方なども管理する管理教育にどんどん締め付けられている。学力テストの準備と称して過去問題（いい問題だと）を堂々と行い、朝の自習の中身もほぼ決められている。春休みにも多くの宿題が出され、子どもたちの自由な時間が奪われる。ベルスタートと称して、ひどい学校では休み時間も削られ3分前には座っていないといけない。子ども

たちの自由な調べ学習を保障することで学びを深めたいと自由に使っていた朝の会の時間も1時間目の保障という名目で奪われている。

②アレルギーの子が多くなったことを理由に、屋上での給食、遠足でのお菓子交換、クッキングを入れたお楽しみ会なども禁止になる学校が……。異学年交流を兼ねた縦割り給食も……。もちろん、アレルギーの子どもに対する安全管理は必ず必要であるが、すべてを禁止にすることは、子どもたちの楽しみ、学校のゆとりを奪ってしまっている。

③きちんとした雰囲気を失うという理由の元に、子どもたちが楽しみにしているパフォーマンス大会を禁止にしたり、座り方をクラスごとにしたり、自由な表現と楽しい雰囲気を奪っている。また、児童会を教師の下請けのように利用し、ベルスタなどの管理を肩代わりさせている。

④「教師を守ることが大切だ」という考えで、教師の自家用車を利用しての学習・お楽しみの買い出しなども禁止し、親子レクレーションも含む学校での宿泊も禁止した。

⑤○○スタンダードや○○スタイルという名のもとに、全クラスの挨拶に仕方を統一し、学習の進め方の自由も教師から奪っている。若い教師は自分で考えて組み立てるという経験がなく、子どもの権利を保障するという思想がなく、いい教師を目指していても何を子ども達に保障すべきなのかが分からなくなっている。

あきらめずに

この背景としては、学力体制もあるが、リスクマネージメントも大きな要因が挙げられる。休み時間の子どものトラブルについても教師の責任が問われる判決が出され、教育委員会や管理職は（本心ではないにせよ）リスクを背追わせないように子どもを管理することに全力を尽くしている。教育にとって必要なものを考え教師の数を増やしリスクを減らすという視点は、予算のない中持てずにいる。100億円の戦闘機の購入を１機やめるだけで、ずいぶん現場に教師を配置しやすくなるのに……。

子どもたちの自治を保障すること、そのことで楽しい学級・学校を実現することで、保護者や地域住民に理解を広げ、また、子ども達と手を組んで対抗していくしかない。何が子どもたちにとって必要な生きる力なのかを明確にし、学力テスト体制をはじめとする管理教育に対抗していくしかないのだ。

「解雇自由」と「解雇４原則」

田村　光彰

はじめに

全国の大学で生起している諸問題の中から、任期制を取り上げ、「解雇自由」「解雇４原則」の問題に争点を絞り、自身の体験を踏まえて報告したい。

任期制

1996年、文部大臣の諮問機関である大学審議会が任期制の導入を奥田幹生文部大臣に答申をした。目的は「人材交流促進」、業績評価による「活性化」、若手研究者の育成だという。それまでは国公私立すべてで、専任の大学教員は、任期を限っての採用はされなかった。ところが、終身雇用の原則を破り、対象教員の範囲、任期は、各大学の判断に任せるという選択的任期制が提案されていた。翌97年「大学の教員等の任期制に関する法律」が成立した。

国会が終身雇用から任期制への法律を通したからといって、全大学で任期制が自動的に導入されるわけではない。労働条件の大幅な変更なので、職場に教職員組合があれば、労使交渉、団体交渉の重要なテーマになる。

私たち北陸大学では、国会で任期制の法律が通る３年も前の1994（平成６）年、理事会により就業規則が変えられ、ここに「期限の定めのある契約」が書き込まれた。「任期制の先取り」である。これは私たちが教職員組合を結成する一契機となった。

日本型経営システム

任期制の背景には、政府と資本による「日本型経営システム」に基づく戦略の転換があった。この新システムの狙いは、終身雇用、年功序列を無くし、「人材交流」「人材の流動化」で大規模リストラを断行し、任期制を公務員や民間労働の現場に導入することであった。1995年５月、日経連（現経団連）は、労働市場に新自由主義を導入する「新時代の『日本的経営』」を提唱した。ここでは労働者は「３つの型」に分けられた。①「長期蓄積能力活用型」は、終身雇用で、賃金には昇級があり、月給制か年俸制をとり、労働者の10％が該当。エリート層である。②「高度専門能力活用型」は、有期雇用、昇給なしの年俸制、ホワイトカラー等男性労働者が想定され、20～30％が予定された。残りを

③「雇用柔軟型」とし、有期雇用を定め、昇進・昇級なしの時間給制に。女性労働者、パート、派遣労働者を生み出すことになった。①は正社員、②は専門職③は使い捨て自由の、多数の非正規労働者である。

原則解雇自由

労働者の使い捨ては、とりわけ景気の変動に合わせて雇用を調節する資本主義の本質から生じる。この本質がむき出しに現れたのが、日経連の「３つの型」論であった。以降③型は徐々に増加し、2018年段階で、役員を除く雇用者に占める非正規の職員・従業員の割合は実に37.8％にも達している[1]。日経連の目標は、①人件費総額を切りつめて②バブル期の放漫経営の責任とツケを人件費の上昇に転嫁し③労働条件を低下させ④今後の「派遣社員」の雇用を、一部業務への限定容認から、他業務へ全面的に展開することであった。

1997年６月、「日本型経営システム」に基づく「大学教員等の任期制に関する法律」が成立。前月、成立を予測して、金沢大学と北陸大学は合同で「任期制を考える集会を」開催した。翌7月、私たちは第１回「北陸大学の正常化を考えるシンポジウム」を学生、教職員、保護者らの参加で開催した。学問の自由の条件は、①外部勢力、公権力や設置者の制約・束縛から解放されることであり②とりわけ任期制に関しては、教学側の教育研究とその発表、教員人事の自主決定権を確認し、任期制反対を決議した。

90年代の終わり頃から、先の「３つの型」論の影響の下で、全国で企業が派遣労働者を増加させ、正社員を解雇したり賃金の切り下げを行い、これに同意しない従業員の排除をたて続けに行うようになった。一方、裁判所はこれらを追認し、「本来解雇は自由である」[2]という判決が続出する。経営上の都合を理由とする整理解雇が続き、労働者側の敗訴が続く。ほんの一例を挙げよう。

1999年、東京地裁は「解雇は本来自由だから、使用者は単に解雇の意思表示をすればよく、解雇の理由を証明する必要はない。逆に解雇権の濫用を主張する労働者の側が『理由らしき理由もないのに解雇された』と証明するべきである」[3]。解雇を不当とする立証責任は労働者の側にあるというわけである。経営側は「理由を証明する必要はない」ので、労働者は何故解雇されたのかを知らされず、反論、抗議をしようにも、その根拠を示されないまま、職場を去るしかない。同地裁は翌年２月、解雇は本来自由にできるので「使用者らは単に解雇の意思表示をすれば足りる」との判決を下した[4]。

2006年、OECD（経済協力開発機構）は「対日経済審査報告書」を発表し、

2000年時点での日本経済の現状を分析している。それによると、相対的貧困層の割合は、13.5 %。「先進国」と言われるOECD加盟国で米国に次ぎ、二番目に高い率である。正社員の減少、非正社員の増加で、可処分所得が減少し、格差が増大している。親等の支払う学費に、国公立大学よりは依存率が高い私大では、経営は直撃を受ける。加えて、少子化による受験生、入学生が減少する傾向は、経営姿勢に直結し、「解雇自由」判決は私大経営者を喜ばせる。但し、喜ぶのは、経営努力をせずに、乱脈経営に走る経営者たちであり、判決に乗じて批判的な教職員を放逐しようとする経営者たちである。

整理解雇 4 原則

北陸大の場合、2004年に 3 名の教員が担当科目を外された。人事考課の公正と理事会の推す学長への不支持を表明したためであった。2007年 2 月、私と外国人教員は「担当科目がなくなりました」と解雇された。理由は、私たちには責任のない、経営側の都合による整理解雇であった。金沢地裁で、初め「解雇の理由」を明らかにしなかった経営側は、後に次のように主張した。「勤務成績不良や非違行為などを理由とするものではない」（経営側答弁書、2008.2.15）「財政状況の悪化を理由としているものではない」（同）。

全国の教職員は「解雇自由」の風潮に飲み込まれたり、解雇を黙って受け入れる必要はない。解雇撤回闘争を闘ってきた先人たちの血の滲む努力と連帯は、経営側が守るべき「整理解雇 4 要件」として判例に結実している。以降、私たち 2 人のドイツ語教員は、約 5 年にわたる裁判闘争を経て（勝利的）和解に至り、職場復帰を果たした。経営側の言い分は、雇用時にドイツ語教員としてのみ雇った（職種限定）ので、ドイツ語を廃止した以上、解雇したという。しかし金沢地裁仮処分は、「ドイツ語科目のみの職種限定合意」は存在していないと判断した。その根拠として、国際政治史、欧州地域研究、ゼミなど私たちがドイツ語以外の多様な科目の担当をしてきた教育歴を挙げた。以下「整理解雇 4 要件」を経営側が守らずに解雇した件の要点を示したい。

①第 1 の要件：削減の必要性。「 4 要件」の第 1 は、財政難などの「人員削減の必要性」である。しかし経営側は、自身の答弁書で「財政状況の悪化」ではないと断言しているので、解雇要件にはならない。内部保留金を 3 百億円以上ももち、経営は豊かであった。第 2 外国語が学生にとり「負担」だとする経営側の主張に、判決は「選択科目」化で「学生の負担を回避」可能と判断した。

②第 2 の要件：解雇回避努力。仮に、第 1 要件の「必要性」が認められた

としても、第２に、経営側には例えば、資産の売却、科目の設定等の解雇回避のための努力が課される。私たち２人は、ドイツ語以外の科目担当を、① 理事会の命令ではなく、教授会の業績審査と② 本人の同意という ２つの条件で引き受けてきた。判決は担当実績を勘案して、ドイツ語以外の「科目、講義を設置することができなかったとは解されない」とし、解雇回避努力の欠如を指摘した。

③第３の要件：選定基準。仮に「必要性」「解雇回避努力」が認められても、解雇される人間を選定する基準が妥当でなければならない。経営側はこの基準について、私たちが「理事会及び学長に対する信頼」（河島元学長陳述書乙150号、2009.3.24）に欠け、「教育者としての情熱と愛情」（同）の欠如を挙げた。「信頼」「情熱と愛情」は証明が不可能である。本音は、経営側の「教職員組合への嫌悪と敵対意識」（石川県労働委員会「決定」2007.4.23）による組合員への差別と排除であった。私は結成以来、全期間執行委員を歴任した。

④第４の要件：手続きの妥当性。判決は、経営側が教学側とドイツ語廃止のプロセスについて「議論、協議をしたことを認めるにたる証拠はない」と断じた。解雇手続きの妥当性の欠如である。

以上、解雇の際にはすべてを満たすべき ４要件のいずれの １つをもクリアしていなかった。判決を示そう。「本件解雇が不当労働行為に当たるか否かを判断するまでもなく、本件解雇は無効である」（一審金沢地裁仮処分決定、一審金沢地裁判決）。経営側は、これに従わず、名古屋高裁に控訴した。しかし勝ち目がなく、途中で、和解に方針転換した。経営側の「解雇自由」は「解雇四原則」の前に敗北した。

終わりに

現在、全国で解雇される教職員が続出している。労働法は残念ながらその守り手になってはいない。だが、先人が解雇を撤回させ、教育の現場に人権意識を根付かせる努力の中で積み上げられてきた「解雇 ４原則」に依拠することはできる。机上だけでは人権は護れない。

注

（１）2019（平成31）年２月１日総務省統計局労働力調査（基本集計平成30年）

（２）島本慈子『解雇』岩波新書、2003、P.2-7

（３）同上

（４）同上

大会の公開セッションとシンポジウムに参加したお2人から、公開セッションとシンポジウムへの感想と意見等をまとめていただいた。

基調報告を再考する

大森　直樹

教職員への統制は、国と行政による多くの施策により重ねられてきた。どこから論じるべきか。田口康明会員（鹿児島県立短期大学）の報告が入り口としたのは教員の多忙化だった。いま国は、教員の多忙化への対応を前面に掲げながら教員の統制を進めようとしているという。2016年に文科省に設置されたタスクフォースの報告書「学校現場における業務の適正化に向けて」の中の言葉の引用。「業務を大胆に見直し」「役割分担を大胆に見直し」。つまり、国は、負担軽減を名目にして、現場における議論を欠いたまま、教員の仕事の内容を変更しようとしている。2019年1月の中教審答申「新しい時代の教育に向けた持続可能な学校指導・運営体制の構築のための学校における働き方改革に関する総合的な方策について」、及び、2017年12月の「同　中間まとめ」からの引用。子どもの休み時間における対応は「必ずしも教師が担う必要のない業務」へ。授業準備・学習評価・成績処理についても「負担軽減が可能」としているが、そこには教育産業への学校の門戸開放がすけて見える。支援が必要な児童生徒・家庭への対応も、それこそは戦後の教育実践が大切にしてきた教員の仕事なのであるが、外部化ができるとしている。こうした動向にどう向き合えば良いのか。

山口俊哉さん（白山市議会議員）の報告は、2016年1月に51歳で亡くなった小学教員をしていた妻の山口聡美さんの話から始まった。時間外勤務は月100時間以上に及んでいた。だが、聡美さんだけが金沢県内の学校で特別に多忙だったわけではない。なぜ現場はこうなってしまったのか。山口俊哉さんは1987～2012年に中学教員をしていた自らの体験もふまえて多忙化の原因を4点に整理している。1つは、2000年の学教法施行規則改正による職員会議の「校長の補助機関化」。2つは、組合の交渉事項を勤務労働関係に限ろうとする行政の動き。こうして、議論の否定された現場に際限のない業務が押し寄せる。3つは、「説明責任を果たすため」の書類づくり。子どもへの発問を記した週案の提出まで求められる。4つは、2007年から実施されている全国学力テストへの対策のあれこれ。全国の順位、地域内の順位の上下に現場は振り回されている。明美さんの学校で、校長から学力テストの結果向上が伝えられたとき、職員室には拍手が起こった。聡美さんは、学校がそのように変わっていくことに胸を痛めていたという。

2つの報告から気づかされたことがあった。いま教員の多忙化については連合総研や日教組の尽力もあり社会的合意が得られている。だが、多忙化の原因についてはトータルな分析が行なわれてこなかった。山口さんの整理を土台にして、これに教員の非正規化や1998年と2008年の指導要領改訂の影響を加えれば、その未踏の課題に手が届くのではないか。これはすぐに取り組むべき課題だと思う。原因が未解明のままでは、その解決はままならない。そればかりか、原因の未解明を利用したさらなる統制が準備されているのである。この点を突いていたのが田口会員の報告だった。

この学会に入会して2年目になるが、今後とも参加を続けたいと思う。第11回大会を準備されたみなさまと参加されたみなさまにこの場をお借りしてお礼を申し上げます。

（公教育計画学会会員　東京学芸大学）

教育現場への統制強化の中で
――公開セッション・シンポジウムに参加して

古河　尚訓

大会2日目、公開セッション「教職員への統制強化に抗する」に参加しました。午前中の基調提案で登壇した山口俊哉さん（白山市議）、午後のシンポジウムに問題提起した徳田茂さん、北川茂さん、田村光彰さん、ともに「いしかわ教育総合研究所」（以下：教育総研）に深く関わりのある皆さんです。とりわけ、田村さんには昨年度まで13年にわたり所長を努めて頂きました。また、現地実行委員・石川多加子さんにも2015年度まで教育総研教育政策部会長をお願いしてきました。

今回のテーマである、教職員あるいは教育の統制強化に関して、2点にわたり、教育総研として取組みを強化してきた課題を報告します。1つは教科書問題です。2015年の中学校教科書採択にあたり、石川県9採択区中、3地区（金沢・小松・加賀）で育鵬社の社会科歴史教科書が採択されました（小松、加賀は公民教科書も採択）。石川県ではこうした日本会議系教科書が採択されたことはこれまでもなく、私たちに取組みに油断があったことは否めません。とりわけ金沢市が歴史教科書の採択に踏み切ったことで、全国で6.5%が石川県では53.1%という驚くべき採択率になりました。教育総研として当該教育委員会への撤回申し入れや記者会見を行ってきており、この採択を契機に 3 地区では市民団体が発足し、連携して再度の採択を許さないとする取組みを進めてきています。しかし、2017年の小学校道徳教科書では加賀市が教育出版、2018年の中学校道徳教科書でも加賀市、小松市が日本教科書を採択するという事態が続いています。特に日本教科書については全国で 3 地区しか採択していない中で 2 地区を石川が占めることとなりました。この間の採択状況をみると明らかに首長の姿勢や発言を忖度したり、首長が推薦する教育委員が強引に採択に持ち込むことが議事録等で明らかになっており、来年度の中学校社会科教科書の採択に向けた広範な取組が重要となっています。

2 つ目は全国学力調査をめぐる教育現場に課せられた過大な学力向上対策です。全国的に石川県は「学力日本一」などと評価の声を聞きます。しかしその「ポジション維持」のため子どもたちや教職員が理不尽な対応を求められる事態になっていることから、教育総研では毎年12月初旬に「全国学力・学習状況調査の廃止を求める声明」を公表してきました。この時期、石川県では一斉に 4 月の全国学力調査を前に「評価問題」と称する予備テストを実施しており、学期末にも関わらず、教育現場では採点業務や分析等に忙殺されています。加えて石川県教組には、春休み前から過去問演習が繰り返され、4 月に入ったら授業にならない、等の声が集まっています。2016年、当時の馳文科大臣（石川県選出議員）が、全国的に授業時間に過去問を解かせるような事態を懸念し、改善を求めました。しかし、石川では県教委を始め教育行政は改善の動きを示すどころか、教育現場では学力調査実施直後に児童生徒の答案をコピーし、採点や分析まで求めてきました。この「自校採点」についてはようやく見直しの動きが出てきたものの、私たちが子どもたちに求めてきた「豊かな学力」は、このような「学力テスト 1位」とはかけ離れたものである、ということを引き続き訴えていく必要があります。かつて60年代に学力テストを中止に追い込んだ歴史があります。子どもに最も近い現場教職員がこの事態をどうするのかが、最終的には問われます。今次シンポジウムのテーマ「自由な授業・学校を目指して」については、不当な圧力や理不尽な働き方が強制されている今だからこそ、問われる課題です。

教育総研には微力ながらも、これからも発信を続ける役割が求められていると認識しています。　　　　　　　（いしかわ教育総合研究所事務局長）

最後に、大会現地実行委員会構成員の氏名を記し、深く感謝の意を表する。金沢大会の成功は、忙しい本務を抱えながら、共同して準備・運営に当たってくれた実行委員会委員のお力によるものである。

第11回大会現地実行委員会

盛本　芳久（公教育計画学会会員　石川県議会議員）
森　　一敏（公教育計画学会会員　金沢市議会議員）
中村　照夫（石川県平和運動センター事務局長）
田中　尚子（石川県平和運動センター書記）
石川多加子（公教育計画学会会員　金沢大学教員）

（文責　年報編集委員会石川多加子）

自由な授業目指し議論

金沢　公教育計画学会が大会

さまざまな教育課題について議論する「公教育計画学会」の第十一回大会が、金沢市内で開かれた。県内では初の開催で、二日間にわたり、大学の研究者や教育関係者、地元自治体の議員ら延べ約八十人が意見を交わした。

総合テーマは「教職員への統制強化に抗する」。シンポジウムがあり、市障害児通園施設「ひまわり教室」の職員徳田茂さん、北陸大の元教授田村光彰さんらが登壇。コーディネーターで金沢大准教授の石川多加子さんとともに「自由な授業・学校を目指して」と題し、議論を深めた。

このほか、基調報告では、教員の長時間労働是正の活動を続ける白山市議の山口俊哉さんが「学校多忙の現状とこれから」と題し、意見を述べた。

学会は地域と公教育をキーワードに現状を見つめ、国の文教政策の動向をチェックしながら、政策提言をしている。（前口憲幸）

『北陸中日新聞』2019年6月19日掲載記事】

投稿論文

投稿論文：

国際共通語としての英語を見据えた英語教育
――複言語・複文化主義の理念から

五十嵐　卓司

問題の所在

近年、グローバル言語としての英語の果たす役割が世界的に高まるにつれて、英語教育における世界的潮流はパラダイム・シフトの最中にある[1]。例えば、英語は国際語である“Global English”として必須の基本的な教育スキル（a basic educational skill）として位置づけられるようになっている[2]。つまり、今日のグローバル化された世界において誰もが英語を習得し、コミュニケーションの手段として使用することが求められているといえる。英語はおおよそ17億5千万人に使用されており、世界の人口の4分の1に相当する[3]。このことは、英語がグローバル言語と見做されているという現実を裏付けている。

このように英語が国際語であるという言説がある中で、日本の英語教育、英語教育政策にはどのような動きが見られるのだろうか。2014年の「今後の英語教育の改善・充実方策について　報告～グローバル化に対応した英語教育改革の五つの提言～」[4]においては、グローバル人材の育成と高い英語力の関係性を強調しており、多言語社会の中で英語教育にアプローチする視座に立っていないことが読みとれる。これは、日本の英語教育政策が人的資本の開発を重視しており、経済合理主義を前提とする狭義の言語道具主義に陥っているとも示唆されている[5]。このように英語母語話者が使用する英語を規範として想定するモノリンガル主義や、言語道具主義に裏打ちされた英語教育は実用面を強調しており、公教育における外国語教育の本質を見失う面があることは否定できない。

一方、近年のグローバル化の進展への対応として、英語が「国際語」としての機能を果たしているという視点を取り入れるようになっており、例えば、『「英語教員の英語力・指導力強化のための調査研究事業」平成28年度報告書』の「第3章コア・カリキュラム」（以下コア・カリキュラム）において「国際共通語としての英語」という項目が明記された[6]。その中では、英語圏だけではなく、非英語圏をも含めた地域で使用されている国際共通語としての英語を用いた異文化コミュニケーションの能力を育成することを重視している。

国際共通語としての英語（English as a lingua franca: 以下ELF）は、異なる母語を話す人たちの間で便宜的に使用されるため、多言語・多文化の文脈で機能し、言語や文化の多様な人々が相互理解を目的として使用する英語であると定義できる。世界で多様な言語や文化的背景を持つ人たちとのコミュニケーションの機会が増えている現状を鑑みれば、ELFへの認識を深める必要性が増しているといえる。

また、言語や文化の多様性を尊重している言語教育は、欧州評議会（Council of Europe）が提唱する複言語主義教育の理念にもみられる。これは、個人による母語以外の言語の学習を奨励しており、複数の言語体験を相互に関連させて新たなコミュニケーション能力を育成することを目指している[7]。それは、母語以外の言語やそれに関連する異文化を学ぶことを通して、他言語、異文化への寛容性を養い、言語的価値の平等への認識を促すことを意味している。

本論では、言語や文化の多様性を尊重した異文化コミュニケーションのために必要な「国際共通語としての英語」による新しい英語・英語教育観を概観する。そして、他言語や異文化への意識を教育によって深めようとする欧州評議会による「複言語・複文化主義」の理念と、その言語教育政策ついて整理する。結論では、複言語・複文化主義の言語教育の理念から得られる知見を活かしながら、国際共通語としての英語の視点を取り入れた英語教育や教員養成・研修への可能性を論じ、現状のモノリンガル主義や言語道具主義的な英語教育政策の傾向をより社会文化的な文脈から再考する。

1．国際共通語としての英語（ELF）

（1）ELFとは何か

ELFは、母語が異なる話者同士がコミュニケーションの目的で英語を使用し、多様な言語・文化的背景を持つ人たちとの間に交わされる接触言語（contact language）として機能し[8]、母語の影響を受けている英語変種がみられるなど母語話者の使用する標準英語とは異なる特徴を持っている。様々なコミュニケーションの文脈や話者によって変化するとされており[9]、ELFの音韻、語彙、文法などの規範や正確さは可変的で、雑種性がある。しかし、ELFは標準英語の規範から逸脱し、どのような音韻、語彙、文法を使用しても許容されるというわけではない。非母語話者がどのような英語を意思疎通する時に使用しているか、ELFの使用状況をデータで収集し、それを踏まえて英語の共通項を見出すという研究が行われており、ELFによるコミュニケーションの実態を調査している。例を挙げると、ウィーン大学がVOICE（The Vienna-Oxford International Corpus of English）[(10)]というコーパス・プロジェクトを進めており、非母語話者の書き言葉、話し言葉を体系的に収集し、分析している。

VOICEによると、ELFは非母語話者だけが使用するというものではなく、母語話者もELFのコミュニケーションに関わり、意思疎通の手段として後天的に習得する必要があると考えられている[(11)]。ELFにおける分かりやすさの指標は、標準英語の規範よりもその場の文脈、話者の関係性、社会文化的要素などが相互補完的にコミュニケーションを成立させているかどうかが問われる[(12)]。そのような性質上、VOICEは母語話者の使用する標準英語ではない、共通語として機能しうる音韻、語彙、文法などのコアを特定するものであり、非母語話者同士が英語でコミュニケーションを取るときに円滑な意思の疎通が行えるかどうかが基準となる[(13)]。その基準は、音韻、語彙、文法などの領域における分かりやすさ（intelligibility, comprehensibility）において測られる。

これに関連して、分かりやすさの一つの特徴として母語の異なる非母語話者同士が英語を意思伝達の際に使用する場合、意思疎通に必要な言語的正確さと、意思疎通を阻害しない程度の言語的逸脱とを区別できるという点が研究で明らかになっている[(14)]。母語話者の使用する標準英語の規範から外れていても意思疎通に支障がない理由は、話者同士の発話や理解度がその場の文脈に依拠しているからである。

（2）ELFのコミュニケーション・ストラテジー

ELFによるコミュニケーションは、標準英語の規範的な音韻、語彙、文法、などを使用するのではなく、状況や文脈に応じてコミュニケーションが行われるため、ELFは流動的であり、文脈固有な（context-specific）相互対話になる[(15)]。そのような性質上、ELFはその場の状況や文脈、話者の意思疎通の目的などにより、ある程度の語彙や文法の使い方に柔軟性を持ちながらも双方の意思疎通を優先するためにコミュニケーション・ストラテジーを使い分け、話者同士で意味交渉が行われる[16]。

コミュニケーション・ストラテジーにはいくつか種類があるが、代表的なものをいくつか挙げてみよう。歩み寄り（accommodation）は、明瞭に発音する、イディオムやくだけた話し言葉の使用を避ける、ゆっくり話し、文構造を簡素化するなどの方策がとられる[17]。また、意味交渉（negotiation）というストラテジーは、一方が他方の文化的枠組みに関して知識が不足していたり、理解できない場合に、双方が社会文化的なギャップを埋めるべく協力して意味交渉をするというメカニズムである[18]。ELFにおける異文化コミュニケーションでは、このようなストラテジーを適切に活用することが必要である。

また、これらのコミュニケーション・ストラテジーは、標準英語に準拠した規範的な言語能力が不足している者同士が言語のギャップを埋めるために活用するというものではなく、話者の文化的アイデンティティを示したり、話者同士の連携を深める役割も果たしているという[19]。対話者同士が、様々な言語変種の相互理解を可能にすることがELFの重要な命題であることを考えると、このタイプのストラテジーも有用な役割を果たしているといえる。

（3）ELFにおける新しい英語観

2017年に『国際共通語としての英語の10周年会議（The 10th Anniversary Conference of English as a Lingua Franca)』がヘルシンキで開催され、「国際共通語としての英語と変化する英語（ELF and Changing English)」というテーマで「英語における変化の極めて重要な推進力」としてのELFの機能に言及し、ELFの観点から英語教育の可能性を模索した[20]。それは、英語母語話者の規範に則ってきた従来の英語教育から新しい教育観への転換が必要であることを意味し、多様な母語、文化背景を持つ非母語話者同士の意思伝達にも使用されるという英語使用の世界的な状況を踏まえた英語教育に関して、幅広い議論と検証の必要があるといえるだろう。

ELFは母語話者の話す標準英語の規範に見合った英語であるということではなく、非母語話も母語話者も含めた包摂的な異文化コミュニケーションを目的として使用する英語という観点からみることが重要であり、従来の標準英語に準拠した英語教育や英語教育政策に関して再考を要する時期に来ているといえるだろう。非母語話者が母語話者の総数を超えており[21]、英語は母語話者だけが使用する言語ではもはやなくなりつつあるにもかかわらず、母語話者の規範が重視され続けている現実がある[22]。英語の変種や多様性を尊重するELFの概念や使用の実態における研究が進められているものの、依然としてこの点は論争の的となっている[23]。

英語の主導権（ownership）に関しては様々な領域の問題に波及しており、母語話者の英語を標準英語とし、母語話者が最良の学習モデルであり教師でもあるとみなす母語話者主義（native speakerism）の問題にも関わってくる。しかし、母語話者を主流と考える標準英語を規範とすることに異論が唱えられ、英語の多様性を提唱するようになっていると指摘される一方で[24]、英語の主導権（ownership）や文法などの形態に関する見解は議論の余地があるという[25]。

2．複言語・複文化主義のコンテクストにおける言語教育観

（1）欧州評議会による複言語・複文化主義

1991年に欧州協議会は、『参照枠』の作成を決議し、EU加盟国の拡大も背景に複言語・複文化主義を『参照枠』に統合すべく言語教育政策の研究を進め、2001年に“Common European Framework of Reference for Languages: learning, teaching, assessment: CEFR”『ヨーロッパ言語共通参照枠』[26]（以下『参照枠』）において、言語教育において複言語・複文化主義の理念を標榜した。その後、『参照枠』に掲げられている複言語・複文化主義を言語教育政策により反映させるために、欧州評議会はいくつかの資料を公開している。例えば、2006年の“Plurilingual Education in Europe: 50 Years of international co-operation”『ヨーロッパの複言語教育：半世紀に渡る国際協力』[27]や、2007年の“From Linguistic Diversity to Plurilingual Education: Guide for the development of language education policies in Europe”『言語の多様性から複言語主義教育へ―ヨーロッパ言語教育政策策定ガイド』[28]（以下『ガイド』）などが挙げられる。

まず、“Plurilingual Education in Europe: 50 Years of international co-operation”では、欧州評議会は言語の多様性と言語権を促進し、相互理解を深め、民主的市民性を強化し、社会的結束を維持するために政策を促進すると記載し、言語政策の目的を５項目示している[29]。

・複言語主義（Plurilingualism）：全ての加盟国の人々は、必要に応じて生涯にわたって複数の言語におけるある程度のコミュニケーション能力を

伸ばす権利を持っている。

・言語的多様性（Linguistic Diversity）：ヨーロッパは多言語社会であり、(ヨーロッパの）すべての言語はコミュニケーションやアイデンティティの表現手段として等しく価値のあるものである。自己の言語を使用し、学ぶ権利は欧州評議会協定（Council of Europe Convention）によって保護されている。

・相互理解（Mutual Understanding）：他言語を学ぶ機会は異文化間コミュニケーションや文化的差異の受容にとって重要な条件である。

・民主的市民性（Democratic Citizenship）：多言語社会への民主的、社会的プロセスへの参加は個々の複言語能力によって容易になる。

・社会的結束（Social Cohesion）：個人の成長、教育、雇用、移動、情報へのアクセス、文化的豊かさの享受における機会の平等は生涯にわたる言語学習の接続の機会によって決まる。

この５つの項目でも見られるように、複言語主義は、他者の言語、そして異質な文化を学ぶことによる全人的な教育観を含んでおり、欧州の融和と平和を目指している[30]。加えて、民主的市民性と社会的結束の強化を目的とした言語政策の重要性に言及し、複言語能力や異文化間能力を持ち、言語と文化の境界を超えて、複言語で双方向的な行動のできる市民の育成を目指している。

また『ガイド』では、「能力としての複言語主義（plurilingualism as a competence)」と「価値としての複言語主義（plurilingualism as a value)」に言及し、複言語主義を理解するためにはこれらの両面からみる必要があるとしている[31]。前者は、コミュニケーションのために複数の言語を使用して、異文化間コミュニケーションに参加できる能力のことである。後者は、言語の多様性に対する寛容性を育み、自身の母語や他者の言語変種が同等の言語的価値を有することへの認識を深める、教育的価値のことである。学習者の複言語主義への認識は自動的に育まれるものではなく、学校教育によって促進されるものであるため、言語学習自体の価値を訴える「複言語主義教育」を意識的に取り入れていくべきであると述べられている。これは、学習者個人の言語能力を育成することだけを目指すのではなく、学習者の自律性を涵養し、言語学習の方法論なども合わせて学べる仕組みの構築をも視野に入っている[32]。

（2）複言語・複文化主義の理念を反映させる上での課題

社会の構成員である個人が複数の言語を学習し、言語レパートリーを増やすことを通じて、他言語や異文化に対する尊重や受容の姿勢が生まれる。それこそが『ガイド』の強調する言語学習の「価値」となり、複言語主義教育の必要性を意味するのである。一方で、学習者の持つ複言語レパートリーが他者の異文化に対する感受性を持つことを促すことに必ずしもなるとはいえないことが指摘されている。複言語主義に不可欠な文化的感受性は、複言語主義教育を通して育成することが重要であり、教員自身もその感受性を高める必要性がある。『参照枠』では、複言語主義は複文化主義の文脈の中で見る必要があると言及されており、豊かで統合された複文化能力の中で複言語能力はその一部として作用し、言語と文化は相互作用のもとに不可分である点を強調している[(33)]。しかし、このような複言語主義の理念を言語教育に反映させることは容易ではない。

さらに、教員養成・研修で『参照枠』を実質的に運用することには問題が生じる可能性がある。一例として、西欧では多言語・多文化の教育現場に対応せざるを得ず、学校やクラスにおける主要言語に熟達していない生徒への支援が必要となる一方で、東欧では生徒は学校外では母語以外の複数言語を学ぶ機会はあまりなく、単一言語環境に置かれている場合が多いという[(34)]。このように同じヨーロッパとはいえ、西欧、東欧間での地政学的なギャップがあり、学習環境も全く異なることを踏まえると、双方の教員のニーズも多様であり、ローカルな実情に合わせて言語教育政策を進めていく必要がある。『参照枠』が提唱する包括的で一貫的な言語教育の理念を実質的に運用するにあたっての課題が浮き彫りになっていることがわかる。

以上のように、『参照枠』にある複言語主義の理念を言語教育政策で実施、運用するにはいくつかの課題を見ることができる。しかし、「価値としての複言語主義」による意識的な教育によって学習者に言語的価値の平等の認識を促すことは、前節で提示した5項目のうちの一つである「相互理解」にもつながる。「相互理解」は他の言語を学ぶことで、社会の中での言語の果たす役割を自覚し、文化の違う他者への理解を深めることに寄与する。そのような気づきや深い理解は、文化的差異への寛容性を育み、異文化間コミュニケーションを容易にする。多言語、多文化社会である現代においては、「相互理解」はどの社会文化的文脈においても汎用性の高い能力と位置づけることができ、教育の必然性もあるといえる。

3．ELFによる英語教育における複言語・複文化主義の文脈化

（1）複言語・複文化主義とELFの視点の親和性

複言語・複文化主義に着想を得た言語教育は、言語能力は認知的、社会文化的な要素によって開発され、学習過程に学習者自身が積極的に関わることが求められる。それは自身の学習を意識化し、リフレクティブ（reflective）で自律的な学習姿勢によって強化されるため、メタ認知やメタ言語能力が重要な役割を果たす(35)。このような複言語・複文化能力は、母語を積極的に活用しながら複数の言語を学習することで、言語能力、学習スキル、学習能力などが横断的に転移可能となる。また、複数の言語の学習は、メタ言語的知識や異文化に存在する他者との関係性をより深く考えるようになり、エスノセントリックな価値観からの脱却に貢献する(36)。

複言語・複文化能力は、複数の言語を使用して異文化コミュニケーションに参加する能力であり、それらの言語レベルや文化体験の程度は異なる(37)。複言語・複文化能力がこのような特質を持っていることを踏まえると、母語話者レベルの英語能力や、それに想起される文化知識を有することよりも、構成主義的能力を持ち、様々な領域や状況に臨機応変に対応できるコミュニケーション能力こそが、複言語・複文化能力では重視される。

第二言語習得（SLA）の研究で提唱されている社会文化的な理論的枠組みでは、言語学習はコミュニケーションの参加者が積極的に意味交渉を行うことであり、社会的関係性を作り上げることであると捉えられており、それはELFの言語能力観にも反映されている(38)。複数言語の言語的知識だけではなく、社会的慣習や異文化能力などが統合された「複数言語レパートリー」(39)をいかに効果的に活用できるか、それがELFによるコミュニケーションにおいて試される能力である。つまり、ELFを使用する際に、相手を理解しようと努めながら様々な他言語レパートリーから、目的や状況に応じて適切な表現やストラテジーを引き出しつつ、コミュニケーションを円滑に成立させる能力を身に着けることが重要であり、ここに複言語・複文化主義が提唱する言語使用の状況や形態、言語学習との親和性の高さがみられる。

ELFは多様な民族、人種、言語、文化をクロスオーバーして共通言語として用いられるため、英語は他言語とは切り離しては考えられず、相互に関連し

ている。実際、ELFの研究はますます複言語主義の概念を取り入れている。例えば、学習者が実際の社会的機能に関係性の深い形で様々な実践コミュニティー（community of practice）に適応し、コミュニケーション・ストラテジーを活用し、話者同士が理解を深められることを目指す教育実践に応用できるような議論が進められている(40)。このように、複言語・複文化主義からの着想を得た言語教育とELFによる英語教育は、言語的多様性を尊重した学習環境、学習コミュニティーの中で学習者に様々なコミュニケーションに対応できる寛容性、柔軟性を促すという点において親和性が高いといえる。

（2）ELFの視点を取り入れた英語教員養成・研修における挑戦と課題

『「英語教員の英語力・指導力強化のための調査研究事業」平成28年度報告書』では、「中・高等学校　教員養成コア・カリキュラム（試案）」についての検証アンケート結果が報告されている。そこでは、「学生が教員として外国語（英語）の授業を行う際にどの程度役に立つと思うか」という質問について、大学教員と指導主事からの回答結果がまとめられた。特筆すべき点は、「英語の歴史的変遷、国際共通語としての英語」を学ぶことがどの程度役立つかという質問項目の結果が、42の質問項目中下から４番目と比較的低い評価となったことである(41)。これは大学の教員養成課程や学校現場の教員にとっては国際共通語としての英語に対する認識の曖昧さや、現場に取り入れ、実施していくべきかへの理解が深化していないことを裏付けているといえる。

海外の教員養成・研修の一環として提供されている英語教授法や応用言語学の修士課程においては、ELFの研究や世界的な動向をカリキュラムに反映させようとしているものの、実際の運用にはいくつか問題が生じているという。英語教員や教育関係者がELFへの一定の理解を示している一方で、標準英語の規範に基づくモノリンガルな教授法を優先し、複言語主義の視点を取りいれた教育実践に対して難色を示す事態も見逃せない(42)。このような課題事例は、コア・カリキュラムで示唆された結果とも共通している点がみられ、日本の英語教員養成・研修の改善に必要な洞察を与えてくれるだろう。

例えば、母語話者主義（native speakerism）の傾向が課題として挙げられる。母語話者主義とは、母語話者が最良の英語のロールモデルであり、教師であるという言説に立脚したイデオロギーである。彼らは欧米文化や英語それ自体と英語教授法の両面においての理想像として体現されている(43)。そのイデオロギーには、翻って非母語話者は言語的、文化的にも不完全な（deficient）な存在であることが示唆されている。それは母語話者が中心的な文化的、知的、言語的属性を担い、非母語話者はそれに所属していないという二項対立的な概念が根強い(44)。日本でもこの傾向は少なからずあると見受けられるが、このような他者性（Othering）という概念は、非母語話者の特質や能力を排除することにつながる可能性があり、言語や文化の多様性への認識や受容を阻む。

また、標準英語が学習モデルとして強く支持されている日本の現状では、評価（assessment）の問題も合わせて考える必要がある。依然として英語試験全般においては、標準英語を規範とした学習者の言語能力を査定することを重視している。しかし、Hall（2014）は、評価の際に言語的な「正確さ（accuracy）」を問うよりも、コミュニケーション能力のより広義な機能的な概念、つまり言語を用いて相手に意図を伝え、コミュニケーションを成立させる能力を測る方向にシフトしつつあることは大きな前進であり、それは『参照枠』にその傾向が反映されていると指摘する(45)。そのような傾向をうけて、具体的な代替案として考えられるのが、対話者同士の相互理解を目的とした課題を与え、評価するという方法である。コミュニケーションにおける臨機応変な対応力、課題達成の程度などを測る評価方法も視野にいれ、社会文化的な言語使用状況を考慮した方法の開発が望まれている(46)。

（3）多言語・多文化社会において求められる英語教員養成・研修

2010年代のマルチリンガル・ターン（multilingual turn）を経て、応用言語学やSLAの研究分野では、モノリンガル主義からより多言語主義的、複言語主義的な観点から言語教育を見直そうという動きを見せ始めている。その傾向を受けて、社会の中でどのようにことばが使用されているかという視座から言語教育を捉えていくという機能的な言語観を取り入れようとしている。そのような言語観は、言語は社会文化的コンテクストにより変化し、様々な状況や目的に応じて機能するということへの批判的な言語認識や理解を教員に促すことを目指している(47)。

このようなラディカルな変化はELF研究や教育実践への応用にも関連しており、ELFは話者の意思疎通の目的や文脈の影響を受けて変化するという性質から、従来の言語共同体という国民国家的概念を超えていくことが求められている(48)。この点に立脚して考えていくと、ELFのコミュニケーションは、実用的なコミュニケーション・スキル（pragmatic skills）を上手に適宜使用し、相手に合わせて意思の疎通を図ろうとするストラテジーを活用するなど目的や文脈に合わせて自身の英語を再構築する、という概念にシフトしていくことになるだろう[(49)]。

ELFにみられる自身と他者の言語変種を相互に認識し、認め合いながら意思疎通を図ろうとするプロセスは、複言語主義を支える柱の一つである言語の多様性を受容し、言語的平等を目指す「価値としての複言語主義」の理念と重なる部分が多い。この点は、従来の日本の英語教育の論考に深い洞察を与えてくれる。なぜなら、柳瀬（2007）が指摘するように、日本の言語使用に関する言説は英語と日本語に限定され、他言語や異文化に目を向けない傾向にあり、教員がELFや複言語主義のような概念を認識しにくいと思われるからである[(50)]。このような状況から脱却するためには、「価値としての複言語主義」に軸を見出し、社会文化的な文脈で英語教育を複眼的に捉えることで、教員の意識や行動変容が可能となる。

教員が社会文化的な枠組みの中で言語や言語教育を俯瞰的にみるように意識の変革を促すためには、教員養成、研修がどのように機能する必要があるのだろうか。近年の応用言語学やSLAの研究によると、英語教員養成・研修はより社会文化理論（sociocultural theory）を取り入れており、教員間の学習コミュニティーの中で各々の教員の教育哲学や信念などをリフレクティブに認識する学習モデルを構築している[(51)]。また、Sifakis（2014）によるとELFの視点を取り入れた教員養成・研修プログラムに必要なことは、（１）ELFを扱う研究論文から応用言語学の幅広い研究的枠組みを知り、自身の経験や文脈に関連付けること、（２）自身の状況に合わせた形で、ELFに関連した形でアクション・リサーチとして取り組むことを挙げている[(52)]。

指導、試験、評価方法にELFの視点を取り入れ、関係者の理解を得るに至るには様々な課題があるものの、教員自身のおかれている状況でどのようにその視点を有機的に適用できるのかを考えていくことで、自身の文脈に応じてELFを再定義し、授業の中でその知見や視点を反映させた授業を構築することができる。

このように教員が自身の教育哲学や実践に関する意識変革や行動変容を起こすボトム・アップ方式の一例として、欧州評議会や欧州現代語センター（European Centre for Modern Languages）が提供する、複言語・複文化教育を推進するために、「自己評価」や「ふりかえり」などを通じて教員のリフレクションを重視した教員養成・研修のプログラムが挙げられる。『ヨーロッパ言語教育履修生ポートフォリオ（European Portfolio for Student Teachers of Languages)』は、教員が自身の授業や運営に関して自己評価をし、自身の知識、能力、スキルのふりかえりを奨励するなどの目的で作成された[(53)]。これは『参照枠』の理念が色濃く反映されており、教員の創造性や自律性などが尊重するように設計されている[(54)]。

結論

英語がグローバルな共通言語であり、国際共通語としての役割を担っているという認識が増していく中で、多言語社会における「英語」とは何かを再考することが求められている。例えば、イギリスのEU離脱後も英語はEUの公用語や主要な作業共通言語としてその立場を継続するのかどうか、という想定に対して私たちはどのような判断をすることになるのだろうか。結局英語はEU内においてコミュニケーションの手段としてのその有用性や機能性などの理由により、立場や価値は下がることはないという見方がある[(55)]。しかし、イギリスの離脱はEU内において英語母語話者の減少をも意味し、ひいてはイギリス英語を含む標準英語の規範に縛られることなく、EU内で使用されている複数言語の影響をも受けた「ユーロ英語」(Euro-English) の視点が示唆されており[(56)]、EU独自のローカルな実情やニーズを捉えた一例といえる。

このイギリスのEU離脱による影響の例でもみられるように、多言語社会における英語の使用状況に関しては、母語話者主義に偏った従来の見方に対して批判的な省察が必要であり、多言語社会をより反映した英語教育や教員養成・研修の開発を見据えていくべきであろう。その一環として、EU由来の複言語・複文化主義における社会の多言語化への需要に応える政策としての理念が、日本の英語教育政策や教育実践においても有用である点がみられる。

複言語・複文化主義による言語教育は、学習者に言語の多様性、機能的な言語使用、言語間の類似性、相違性の認識、言語と文化の関連性を見出すことを奨励し、学習者の自律性を涵養し、自身の学習状況を意識的に認識する学習者主体の言語学習である[(57)]。このように言語の多様性を認識し、受容する姿勢や態度が、言語や文化の異なる人々との相互文化的コミュニケーションにとって必要な要素であり、複数の言語資源を状況に応じて横断的に活用できる力は、他言語、異文化の学習にも転用できる汎用的な能力である。

多言語社会における「英語」の役割や機能が変化しつつある中で、ELFの言語的特徴や使用目的や状況などを踏まえて、日本の英語教育や教員養成・研修にどのように文脈化していくのかに関して研究を進めていく必要がある。しかし、依然として教員や英語教育関係者による母語話者主義への保守姿勢がみられ、標準英語を規範とする学習モデル、指導、試験、評価方法に対する新しい価値観への転換に至るまでには克服するべき課題が考えられる。そのような従来の見解や信念からのパラダイム・シフトは容易ではないが、言語と文化の関係性、言語学習のあり方を社会文化的コンテクストの観点からみることで、異文化への寛容性、相互理解を育むことにつながる英語教育を目指すことが可能となる。

多言語・多文化社会において相互理解や民主的市民性を育成するための一つの要素として、大局的な視座から英語教育を見直すことが挙げられる。そのためには、モノリンガル主義や言語道具主義に偏重した英語教育ではなく、複言語・複文化主義の目指す包括的な、全人的な教育観において英語教育を捉え、批判的に英語教育、教員養成・研修の目的や方法を再考することが必要である。国際共通語としての英語による英語教育の方向性を、日本の社会文化的特性に応じた形で模索することが求められているといえるだろう。

注

(1) Rose, H., & Galloway, N., Global Englishes for Language Teaching. Cambridge University Press, 2019, pp.3-4.

(2) Graddol, D., English Next. British Council, 2006, pp.118-119.

(3) British Council., The English Effect. The impact of English, what it’ s worth to the UK and why it matters to the world. 2013 Retrieved from www.britishcouncil.org, p.5. 2020年1月25日取得

(4) 英語教育の在り方に関する有識者会議『今後の英語教育の改善・充実方策について 報告〜グローバル化に対応した英語教育改革の五つの提言〜』文部科学省, 2014年

(5) Kubota, R., “Neoliberal paradoxes of language learning: Xenophobia and international communication” Journal of Multilingual and Multicultural Development, Vol.37（5）, 2016, pp.467-480.

(6) 東京学芸大学『文部科学省委託事業「英語教員の英語力・指導力強化のための調査研究事業」平成28年度報告書』2017年

(7) 鳥飼玖美子『英語教育の危機』筑摩書房, 2018年, pp.188-189.
(8) Baker, W., "From cultural awareness to intercultural awareness: Culture in ELT" ELT Journal, Vol.66（1）, 2012, pp.62-70.; Jenkins, J., "Not English but English-within-multilingualism," in Coffey, S., eds. New directions for research in foreign language education, Routledge, 2017, pp.63-78.; Seidlhofer, B., Understanding English as a Lingua Franca. Oxford University Press, 2011
(9) Canagarajah, S., "TESOL as a professional community: A half - century of pedagogy, research, and theory" TESOL Quarterly, Vol.50（1）, 2015, p.13.
(10) VOICE（Vienna-Oxford International Corpus of English）website: https://www.univie.ac.at/voice/page/what_is_voice　2020年1月20取得
(11) VOICE
(12) Sifakis, N. C., Lopriore, L., Dewey, M., Bayyurt, Y., Vettorel, P., Cavalheiro, L., ... & Kordia, S., "ELF-awareness in ELT: Bringing together theory and practice" Journal of English as a Lingua Franca, Vol. 7（1）, 2018, pp.155-209.
(13) 鳥飼玖美子『国際共通語としての英語』講談社, 2011年, pp.86-87.
(14) 久保田竜子『英語教育幻想』筑摩書房, 2018年, p.30.
(15) Margić, B. D., "Communication courtesy or condescension? Linguistic accommodation of native to non-native speakers of English" Journal of English as a Lingua Franca, Vol.6（1）, 2017, p.31.
(16) Baker（2012）; Cogo, A., & Jenkins, J., "English as a lingua franca in Europe: A mismatch between policy and practice" European Journal of Language Policy, Vol.2（2）, 2010, pp.271-293.; Sifakis et.al.（2018）
(17) Margić（2017）, p.44.
(18) Hua, Z., "Negotiation as the way of engagement in intercultural and lingua franca communication: Frames of reference and interculturality" Journal of English as a Lingua Franca, Vol.4（1）, 2015, pp.69-70.
(19) Cogo & Jenkins（2010）, p.278.
(20) Sifakis et.al.（2018）, pp.155-158.
(21) Jenkins（2017）, pp.3-4.
(22) Jenkins, J., "English as a Lingua Franca from the classroom to the classroom" ELT Journal, Vol.66（4）, 2012, p.487.
(23) Jenkins（2012）; Seidlhofer（2011）
(24) 久保田竜子『グローバル化社会と言語教育 クリティカルな視点から』くろしお出版, 2015年, p.23.
(25) Baker（2012）, p.63.
(26) 吉島茂・大橋理恵 訳編『外国語教育 II 外国語の学習、教授、評価のためのヨーロッパ共通参照枠』朝日出版社, 2004年

(27) Council of Europe., Plurilingual education in Europe: 50 years of international co-operation, 2006
(28) Beacco, J. C., From linguistic diversity to plurilingual education: Guide for the development of language education policies in Europe. Council of Europe, 2007
欧州評議会 言語政策局, 山本冴里訳 『言語の多様性から複言語教育へ ―ヨーロッパ言語教育政策策定ガイド―』くろしお出版, 2016年
(29) Council of Europe (2006), p.4. 本文は筆者訳。
(30) 鳥飼玖美子, 大津由紀雄, 江利川春雄, 斎藤兆史, 林徹『英語だけの外国語教育は失敗する: 複言語主義のすすめ』ひつじ書房, 2017年, p.5.
(31) Beacco (2007), p.18.
(32) 西山教行「複言語・複文化主義の形成と展開」細川英雄, 西山教行編『複言語・複文化主義とは何か: ヨーロッパの理念・状況から日本における受容・文脈化へ』くろしお出版, 2010年, p.31.
(33) 吉島, 大橋 (2004), pp.5-6.
(34) Komorowska, H., "The European Language Policy and the teaching profession in the 21st century" Studia Linguistica Universitatis Iagellonicae Cracoviensis, Vol.132 (3), 2015, p.145.
(35) Piccardo, E., "Plurilingualism and curriculum design: Toward a synergic vision" TESOL Quarterly, Vol.47 (3), 2013, p.603.
(36) 西山教行「複言語・異文化間教育から考える「グローバル人材」の異文化観」泉水浩隆編『ことばを教える・ことばを学ぶ 複言語・複文化・ヨーロッパ言語共通参照枠 (CEFR) と言語教育』行路社, 2018, p.17.
(37) Coste, D., Moore, D., & Zarate, G., Plurilingual and Pluricultural Competence. Strasbourg: Council of Europe, 2009, p.11.
(38) Rose & Galloway (2019), p.69.
(39) Canagarajah, S., "The plurilingual tradition and the English language in South Asia." AILA Review, Vol.22 (1), 2009, pp.5-22.; Jenkins (2017)
(40) Canagarajah (2015), pp.14-15.; Rose & Galloway (201), pp.67-69.
(41) 東京学芸大学 (2017), p.30.
(42) Garton, S., & Kubota, R., "Joint colloquium on plurilingualism and language education: Opportunities and challenges" Language Teaching, Vol.48 (3), 2015, p.418.; Rose & Galloway (2019), pp.163-166.
(43) Holliday, A., "Native-Speakerism," in Liontas, John I., & TESOL International Association., eds. The TESOL Encyclopedia of English Language Teaching, 8 Volume Set. John Wiley & Sons, 2018
(44) Holliday (2018); Rose & Galloway (2019)
(45) Hall, C. J., "Moving beyond accuracy: from tests of English to tests of 'Englishing'" ELT Journal, Vol.68 (4), 2014, p.3.

(46) Hall (2014), pp.15-17.
(47) Rose & Galloway (2019), pp.72-76.
(48) Cogo & Jenkins (2010), p.278.; Seidlhofer, B., "Common ground and different realities: World Englishes and English as a lingua franca" World Englishes, Vol.28 (2), 2009, pp.236-245.
(49) Cogo & Jenkins (2010); Jenkins, J., "Accommodating (to) ELF in the international university" Journal of Pragmatics, Vol.43 (4), 2011, p.926-936.
(50) 柳瀬陽介「複言語主義 (plurilingualism) 批評の試み」『中国地区英語教育学会研究紀要』第37号, 2007年, p.69.
(51) Canagarajah (2015), pp.17-18.; Rose & Galloway (2019), p.165.
(52) Sifakis, N. C., "ELF awareness as an opportunity for change: A transformative perspective for ESOL teacher education" Journal of English as a Lingua Franca, Vol.3 (2), 2014, pp.328-330.
(53) Newby, D., European Portfolio for Student Teachers of Languages: A reflection tool for language teacher education. Council of Europe, 2007
(54) Komorowska (2015), p.142.
(55) Modiano, M., English in a post - Brexit European Union. World Englishes, Vol.36 (3), 2017, pp.315-317.
(56) Jenkins (2017), p.10.; Modiano (2017), pp.321-324.
(57) Piccardo (2013), pp.608-610.

(公教育計画学会会員　帝京大学)

研究ノート

研究ノート：

不登校の子どもの自己教育運動

日下部　倫子

はじめに――先行研究と分析枠組み

本稿は、フリースクールの東京シューレに通った子どもたちの手記を自己教育運動の視点から分析することで、不登校[1]の子どもの当事者運動にどのような性格があるのかを明らかにする手がかりを得ようとするものである。

かつて、伊藤茂樹は、不登校の当事者による取り組みを「登校拒否を病いとすることに反対する運動」と捉えており、それは「子どもと彼らを支援する大人が協同して新たな学びの形を模索するもの」であり、それまで「絶対的であった善なる公教育という前提に対する意義申し立て」であったと述べている[2]。柳下換は、不登校の当事者による取り組みを「市民の側における自己決定権回復運動」[3]と捉え、「子どもたちの生きる権利や学ぶ権利を保障するためには、学校という既存のシステムに過剰に依存する必要はない」ことを「一般化した」と述べている。この二者においては、不登校の当事者による取り組みの焦点の一つが、既存の公教育とは異なる「新たな学び」をつくりだすことにあったことが示唆されているが、そうした「新たな学び」が、どのような性格を持つものだったのかが十分に整理されていない。

そこで着目したいのが自己教育運動の視点である。自己教育運動の概念規定や性格については論者により異同があるが、本稿では特に次の3点を押さえておくことにしたい。

まず、藤田秀雄・大串隆吉によれば、自己教育運動とは「みずからの手で自己教育の活動を保障する条件をつくりだそうとすること」[4]である。こうした視点は、藤田、大串に限らず、自己教育運動の先行研究において共通の視点として含意されているものである[5]。

次に、自己教育運動の所論の中で特に注目しておきたいのは、学習を通して社会認識が深められることが指摘されていることである。この点は、海老原治善による被差別部落大衆による識字運動の研究(6)や、大槻宏樹による妻籠青年らによる公民館活動と町並み保存運動の研究(7)において指摘されてきたところである。

また、小川利夫によれば、自己教育運動の発達形態の最終段階では、「教育の協同化と公共化への要求が高まっている」ことが注目されると指摘していることである(8)。こうした指摘は、海老原の所論においてもみられる点である(9)。

ところで、不登校の子どもによる取り組みを自己教育運動の視点で整理することを試みたのは、管見の限りでは笹川孝一のみである(10)。笹川は、「学習のリアリティの弱さ・『点数』『偏差値』を評価基準とする学習の質の問題」が「教育」上の課題として顕在化していることをふまえ、不登校の子どもが通うフリースクールや自主夜間中学への着目を行い、そこに「自己教育運動のイメージ」を見出していた。ここで笹川は、不登校の子どもの自己教育運動について、具体的事実に基づいて分析をしていたわけではないが、学習のリアリティの弱さ等の課題解決のためには、人々が「『学習』活動に社会的な現実性をとりもどし自らの学習の設計者となれるよう、教育の場を再構成することが必要である」と仮説的に考えている(11)。

こうした先行研究の論点をふまえて本稿では、東京シューレに通った子どもたちの取り組みを、次の3つの性格を持ったものとして整理することを試みることにしたい。第1は、仲間との出会いを重視して、これを自己教育の活動を保障する条件にするという性格である（「仲間との出会い」）(12)。第2は、学習を通して社会認識を深めていくという性格である（「社会認識の深まり」）。第3は、深めた社会認識をもとにして、改めて社会へ提起を行うという性格である（「社会への提起」）。

不登校の子どもの取り組みと言葉については、単行書20件、『不登校新聞』（1998年5月1日創刊）ほかに多くの掲載がある。その中で、東京シューレに通った経験を持つ不登校の子どもの手記(13)については、子どもの名前や筆名を確認できた97人による142件の特定を行っており（それらは、単行書14件、『不登校新聞』ほかに掲載されている）、本稿ではそれらを分析の対象とする（以下「手記」とする）。東京シューレは、1985年に王子で開設され、その後には新宿、流山、大田でも開設されている(14)。東京シューレに通った子どもに分析を限定するのは、子どもの手記の内容が具体的であり、取り組みが展開されていく過程や言葉の質的な変化を追うことができるからである。

「手記」の分析は1985年から2014年までを対象として行う。その全体を整理する作業枠組みとして、1985～1994年までをⅠ期、1995～2004年までをⅡ期、2005～2014年までをⅢ期と時期区分する。それぞれの子どもの手記の書かれた時期ではなく、「手記」に書かれた取り組みが行なわれた時期ごとに内容を分類したうえで、先に述べた３つの性格について言及があるかどうかを整理し、確認できた子どもの数を集計したものが次の表１である[(15)]。

表１（人数）

	総数	仲間との出会い（割合）	社会認識の深まり（割合）	社会への提起（割合）
Ⅰ期（1985～1994）	41	37（90％）	36（88％）	33（80％）
Ⅱ期（1995～2004）	34	29（85％）	29（85％）	8（24％）
Ⅲ期（2005～2014）	22	20（91％）	18（82％）	8（36％）
合計	97	86（89％）	83（86％）	49（51％）

（執筆者作成）

１．仲間との出会い

第１の「仲間との出会い」に言及していたのは、97人中86人だった。Ⅰ期は90％、Ⅱ期は85％、Ⅲ期は91％の子どもが言及している。ここでは、Ⅰ期の41人の中で、「仲間との出会い」に言及した37人のうちのひとりである、有永宮子の「手記」を中心にして、不登校の子どもにとっての「仲間との出会い」の内容と意味を整理していくことにしたい。

中学１年生（1985年）の５月頃に有永宮子は、学校の管理教育に疑問を抱いたことから不登校となった。「校則がうるさいぐらい細かく指導があり、それも生徒相互のチェックがあり（中略）かなりの抵抗感がありました」[(16)]と、学校への違和感を語っている。「細々とした校則を守るために神経をピリピリとがらせる毎日」に、有永は次第に学校へ行けなくなっていった。「学校の管理教育はおかしい」と有永の親も考えていたが、それでも「学校を休むことだけは、はじめは認め」なかった。柱につかまっていやがる有永を、親は車に乗せて学校の門まで連れて行った。

東京シューレには、母親と一緒に東京シューレの前身であるOKハウスへの見学をきっかけに入会した[17]。しかし入会後も、母親からは「シューレが楽しい楽しいでいいの？」「学期の始めは学校に戻るチャンスだよ」などと言われていた。東京シューレの演劇の練習に行っていたある日の午前中、母親から「学校へちゃんと行きなさい」と電話がかかってきたことがあった。有永の両親にとっては、我が子の「学校に行きたくない」という思いよりも、「学校には行くものだ」という「学校信仰」が根強かった。電話に出た有永が、「もう学校へ行きたくない」と言っても母親は聞き入れない。この時、有永をかばったのは、東京シューレの1級上の友人だった。友人は有永に「学校へ行かないのは良い悪いじゃないんだよ。親との闘いなんだよ」と言った[18]。その後も有永は親とけんかを繰り返す毎日だったが、そうした有永を支えた条件のひとつが、仲間の存在とその言葉だった。

有永は、東京シューレが自分にとってどのような意味があったのかをふり返ってみると、「私の大切な『居場所』」だったと述べている。1980年代、「"学校に行かなくてもいい"と言ってくれるのは、奥地先生[19]くらいしかまわりにはいなかった」。有永によれば、「シューレの友達同士、どこか寄り添う感じ」があり、「いつ潰れるかわからないこの場所は、いつしか私の中で、大切な場所になって」いった。有永は次のように述べている。

> 今になって考えてみると、シューレで過ごした時間は、真実に生きられた時間だったと思います。私は登校拒否をして、というより、シューレに出会えて良かったと思っています。今まで自分に自信がなくて、孤独感ばかりつのらせていた私に、自信を与えてくれた場所がここだと思います[20]。

「学校信仰」をめぐって学校や親と闘わなくてはならなかった不登校の子どもにとって、仲間と出会い、居場所を見出し、さらにこの出会いを土台に自信を回復させることは重要だった。

Ⅰ期の有永のほかにも、多数の不登校の子どもが仲間と出会うことで自信を回復させていたことが、Ⅰ～Ⅲ期の「手記」からは読み取れる。このような「仲間との出会い」は、不登校の子どもがさらなる取り組みを行っていく上での土台となっていた。

2．社会認識の深まり

第２の「社会認識の深まり」に言及していたのは、97人中83人だった。Ⅰ期は88％、Ⅱ期は85％、Ⅲ期は82％の子どもが言及している。

ここでは、まずⅠ期の41人の中で「社会認識の深まり」に言及した36人のうちのひとりである鈴木暁（あきら）の「手記」を中心に、次にⅡ期の34人の中の29人のうちのひとりである石井志昴（しこう）の「手記」を中心にして、不登校の子どもにとっての「社会認識の深まり」の内容と意味を整理していくことにしたい。

（1）不登校観の捉えなおし

鈴木暁は、東京の町田から新宿へ引っ越した小学５年生（1984年）の時に不登校となった。中学１年生の時に東京シューレに入会し通うが、合わないと感じたことから再び閉じこもってしまう。その後再び東京シューレに通うようになるが、鈴木は「不登校とは何か」について考え続け、葛藤していた。まだ不登校でなかった小学４年生の時には、「『登校拒否なんて所詮は勉強についていけなかった学校の落ちこぼれ（くず）じゃないか』とまじめに思っていた」のだという[21]。これは、「新聞に何回か登校拒否の事がのっていたが、ほとんど全てが、『登校拒否は悪い』という感じの記事しかなく」、鈴木は新聞を通して社会の不登校観に影響を受けていたからだった。しかし、この後不登校となった鈴木は、この不登校観に追い詰められてしまう。

鈴木は小学５年生の時に転校先でいじめにあい、腹痛や頭痛、吐き気で学校に行けなくなった。この時の小学校は「ひどい所」であったと鈴木は振り返っている。６年生になってからは１度も学校には行かないまま、鈴木は小学校を卒業した。中学校には行きたくなかったが、「登校拒否してる奴は落ちこぼれだ、あんなふうになってたまるか」と思っていたことから、無理やり自分を納得させて中学校に通った。しかし「ガマンして」通う中、再びいじめがあり、「結局また朝になると、お腹がいたくなったり、吐き気がしたりして、学校に行けなくなった」。小学６年生から中学１年生にかけて、鈴木は次のように考えていたという。

> 「学校に行けなくなったらくずの仲間入りだ。早く学校に行かなくちゃ」という気持ちと、「絶対学校に行きたくない」という考えの板挟みになって非常に悩んでいた。（中略）このまま生きていても仕方がないから自殺

して、我が家の家計を楽にしようかなあ～なんて考えた[22]。

鈴木はこの後、「登校拒否は悪いことなのか、それとも正しいことなのかという、今までずっとほっておいた一番大切なこと」を考えたものの、答えは簡単には出せなかった。

1988年11月、鈴木は、「文部省で学校の先生たちにアンケートをして聞いた結果、学校の先生たちのほとんどが登校拒否の子どもはずる休みだと思っているということが新聞に発表された」ことを知った[23]。

鈴木たちは、ミーティング[24]の中で「自分はそういう気がしない」「先生たちにはそう見えるのでは」と話し合った。そして話し合いの中で、「自分たちがアンケートを作り、子どもたちがアンケートに直接答えれば文部省の行った調査とちがう結果が出るのでは」となり、アンケートの実行委員会を立ち上げて活動することになった。鈴木はそこで実行委員長となった。

アンケートの作成に際し、実行委員会はまず質問項目をつくることから始めた。作成した原案に対して委員同士で意見を交換する中で、「自分が回答しようとしてもあてはまるものがないだの、私はこういうことがあったので、こんな項目を作ってほしいだのと具体的な話」[25]になった 。実行委員会は、「各自の登校拒否体験を語る場」となり、「ヘェー、あいつにはそういうことがあったのか、とあらためて知りあう出会い」にもなった。鈴木たちにとって自分の不登校経験を相対化し、整理する場となっていた。

こうして、鈴木たちは質問項目を決定し、約500部のアンケートを発送した。265通の回答が得られ、鈴木たちは集計、分析、報告書の作成を行い、6月24日の東京シューレ 4 周年の集いで発表した。集計結果の中では、次の 3 つの質問に対する回答に鈴木たちは特に着目している。まず、「あなたは、次のことを考えた事がありますか」への回答は、「自殺」「家出」「物を壊す」「人を殺す」「人を殴る」が多数だったこと。「登校拒否に関係して、次のような苦しい状態になった事がありますか」への回答は、「腹痛」「頭痛」「はきけ」「息が出来ないような感じ」が多数だったこと、そして、「あなたはつらい時に、次の事を経験した事がありますか」への回答は、「自分の部屋にたてこもった」「自殺しようとした」「家出」「不安を静めるため薬を飲んだ」が多数だったことである。鈴木たちは次のように述べている。

この三つをまとめてみてわかる事は、非常に苦しいことが多いという事です。特に自殺をしようとしたり、薬を飲んだりというように、皆苦しんでいます。これは登校拒否がなまけではないということをしめしています。文部省の行った先生たちへのアンケートではあまりに単純に「なまけ」とまとめているのはおかしいのではないでしょうか[26]。

鈴木たちはアンケートを通して、不登校の子どもの多くが直面している事実を明らかにし、不登校は「怠け」ではないことを証明した。鈴木はまた、「登校拒否をしている間に思ったこと」への回答について、「普通に生活して、幸せにくらしていれば絶対考えないだろうというものばかりだ」と述べている。また、後記では「アンケートの集計をやっているうちに、登校拒否をしている人の中には自分と同じ気持ちの人たちもいるんだなあ」と思ったとも述べている。鈴木は、自分が不登校で苦しんだ経験に、アンケートで得られた結果を重ねて、「登校拒否は怠けではない」ことに確信を得た。

ここで鈴木は、仲間との活動を通して、不登校となった自分を捉えなおし、不登校観をも捉えなおしている。不登校となった自分と社会の不登校観との間で葛藤しながらも、鈴木は社会認識を深めていった。こうした不登校観の捉えなおしは、鈴木以外にも多数の子どもの「手記」に見られる内容である。

（2）学習観の捉えなおし

東京都町田市で生まれた石井志昂は、中学 2 年生（1995年）の時に不登校になった。石井は小学 5 年生の時に親の希望で受験勉強を開始した。「いい学校へ行かなければ自分の人生はない」[27]という思いにずっと縛られていたが、受験した私立中学校はすべて不合格だった。地元の公立中学校に進学するが、生徒手帳にぎっしりと書かれた校則に驚いたり、生徒会で決まったことも職員会議で覆されてしまうことなどに納得のいかなさを感じたりしていた。

その一方で石井は、自分が「学校に行かない」ことは受け入れられなかった。ある時、奥地圭子の著作『学校は必要か：子どもの育つ場を求めて』（NHK出版、1992年）を本屋で偶然目にし、学校はどのような形であればいいのか、学校以外の道を子どもが選ぶことができること、義務教育は子どもの義務ではないことを知った。「学校に行かないこと」に魅力を感じた一方で、次のような思いを拭いきれなかった。

学校に行かなくなったら、将来どうするの？どうやって生きていけばいいの？（中略）「学校に行かない道」は魅力的に思えました。けれど、学校に行かなければ生きていけない気がします。学校に行かなきゃダメだ、ダメな人になってしまう。（中略）でも行きたくない。ほんとうは行きたくない。学校に行きたくない自分、学校に行かなきゃダメだという自分、その狭間で悩んでいました[28]。

石井は親や友人にも相談できず、半年以上「行きたくない、行かなきゃダメだの板挟み」に苦しんでいた。しかしこの後、「このままじゃ自分が自分でいられなくなる」という思いから学校を飛び出し不登校となった[29]。

不登校となって１週間が過ぎたころ、「なまけてんじゃないよ」と石井の母親は叫んだ。「ずーっと朝から晩まで、テレビ見てゲームしてなまけくさって（中略）遊びほうけているだけじゃないか」「中学の勉強ぐらいできてあたり前なんだからな。それぐらい学校に行かなくてもやっとけよ」という母親に対して、石井は次のように思った。

母は不安だったのです。将来仕事をするとき、学校に行っていない人はどうすればいいのか。そのために勉強をどうするのか。学校に行かず、なにもしていないぼくに母はいらだち、希望の見えない生き方に不安を抱えていました。それは僕自身の不安でもあり、怒られながら母が心配していることを感じました[30]。

石井は母親の心配を理解していた。同時に石井自身も、「勉強とは学校でするものだ」と考え、将来どう生きていけばいいのか不安を抱いていた。

東京シューレに石井が通い始めたのは、不登校となってから１か月程が経った頃だった。石井はそこで、東京シューレが「学校とまったく違う」こと、「子どもが『なにもしない』ことを認められている珍しい場所」であることに驚く。このような場で、石井は次のような活動を通して学習観を捉えなおしていく。

民族音楽に興味をもちはじめた石井は、「民族講座」を東京シューレ内につくり、アフリカやアンデス地方、アイヌ、琉球、朝鮮など、様々な民族音楽を借りてきたCDで聴いた。そのうちに「この人たちがいったいどうやって暮らしていたのか」という疑問が出てきたのだという。そこで民族料理店に足を運び、料理を食べ、何を材料にしているのか、どのような調理方法なのかを知る中で、風土がだんだんと見えてきた。その次には民族の歴史に興味をもちはじめたのだという。民族講座で、沖縄、アイヌ、朝鮮の歴史を探っていくなかで、「中学校で習ったはずの歴史」だったが「すっかり忘れて」いた日本による侵略の歴史が見えてきたことも石井は述べている。この後、「沖縄の今」をテーマに民族講座は進み、友人が「沖縄へ行こう」と言い出したことをきっかけに、半年かけて事前に調べ、2 週間の沖縄旅行を計画して実行した。石井は以上の経験を通して「興味がふくらむ」という言葉を実感した。

> 基礎学力はたしかにたいせつなことですが、自分の興味がわいてこないと自分のものにはならない。ましてや、強制されて覚えたことなど、脳のすみっこにも残りません。学ぶことは楽しい。興味がわいてくると次から次へと興味はふくらみ、楽しく学べます。なにもあれをやりなさい、これを覚えなさいといわれなくても、知らないことがあれば知りたくなります。知りたいと思う前から「覚えなくてはいけないもの」ばかりではいやになっちゃいます。(中略) 教えられるだけではなく、素直に感じるだけだって立派な学びです。むしろ、それが原点だと思います[31]。

石井はこの経験を通して、「机に向かうだけが勉強じゃない。学びの原点は素直に感じること」だと述べている。石井は、学校での机に向かう「勉強」こそが「学び」だと思っていた時、不登校になることで「勉強」から遠ざかってしまうのではないかと不安や焦りを抱いていた。だからこそ、「学校に行きたくない」のでは「将来どうやって生きていけばいいのか」がわからない。しかし、「それぞれの学びがあり、それぞれの成長」があり、「自分なりの学び」があることに気がつき、石井は失っていた自信を回復させてもいった。受験勉強のように強制されて勉強するのではなく、自分の興味関心を出発点に学んでいったことで、学校に対して抱いていた葛藤や将来への不安を解消したのである。学習主体や学習内容のあるべき姿に迫った「学び」を通して学習観を捉えなおすことは、石井以外の多くの子どもの「手記」にも共通に記されている。

3．社会への提起

第３の「社会への提起」に言及していたのは、97人中49人の子どもだった。Ⅰ期は80％、Ⅱ期は24％、Ⅲ期は36％の子どもが言及している。ここでは、Ⅲ期の22人の中で、「社会への提起」に言及した８人のうちのひとりである、工藤健仁（けんと）の「手記」を中心にして、不登校の子どもにとっての「社会への提起」の内容と意味を整理していくことにしたい。

工藤健仁が学校に違和感を覚えたのは、小学５年生（2003年）の時だった。ある日、友人がしたいたずらを、工藤が犯人だと教員に疑われる出来事があった。違うと言っても信じてもらえずに怒鳴られ、「『何を！』という気持」ちからネクタイをつかんだところ、工藤は首をつかまれ、体を投げられて、ドアにどんどんと頭をぶつけられた。

このことをきっかけとして工藤は、朝起きられず、泣いて動くことができない状態になった。昼夜逆転し、「オレはどうなるんだろうという不安やストレス」で一日中悶々としており、家族とも「ふつうの会話」をすることはなかった。１年程を家で過ごした後、小学６年生の秋にシューレ20周年の通信を読み、東京シューレに入会した。

2008年５月、社会的な問題に次第に関心を持つようになっていったというこの時期、工藤たちはユニセフハウスに見学に行った。事前にユニセフや子どもの権利条約について学んでから見学に行き、そこで職員から「君達は幸せだ。食べ物には恵まれ、戦争もなく、学校にも行ける。感謝しなくては」と言われ、「子どもの権利条約は自分も守られるものだと思うけど、本当に守られているのだろうか」と「ふっと疑問を持った」のだという(32)。工藤は自分の不登校経験を振り返り、次のように思った。

> 私が学校に行っていたときのおとなの理不尽さ、学校に行かなくなった後に思った否定的な気持ち、苦しさはなんだったのだろうか。その苦しさこそ、子どもの権利が守られていない瞬間なのではないか(33)。

工藤はこの疑問から周囲の仲間と感想を話し合い、自分たちでもう一度子どもの権利条約を読み直してみることになった。子どもの権利条約を1条ずつ丁寧に読み深める自主講座を行い、条文に対する感想や意見、関連するニュースなどを出し合った。互いに解釈をぶつけ合ったり、よくわからないところは英語の原文を読み、辞書を引くなどしながら講座は１年半程続いた。

その後、この自主講座は「不登校の子どもの権利宣言」の作成へつながる。2009年８月23日に、全国の不登校の子どもや親や家族、支援者が集まって交流したり、学びあう合宿「不登校を考える第20回全国大会・子ども交流合宿『ぱおぱお』」が東京の早稲田で開催されることになった。この年は合宿20回目の記念大会であると同時に、子どもの権利条約採択20年目の年だったことから、目玉企画を工藤たちは考えていた。その中で工藤は、「ぼくらの権利宣言をやったらどうか」と思いついた。

「不登校の子どもの権利宣言」の作成にあたって工藤たちは、自分の経験や思いを出し合って紙にまとめ、分類し、どの内容を訴えるかを検討して文章にしていった。工藤にとって「大変なこと」だったその作業は、実際に文章にしながら、「誤解を受けるなあ」「思いが表せない」など、10人ほどで「ああでもないこうでもない」と話し合いながら、夏休みも「毎日朝から夜まで」取り組まれていたという。１日に１条しか進まないという日もあるほどだった。

こうして完成した「不登校の子どもの権利宣言」は、前文と13の条文から構成されている。13の条文には、不登校となることで苦しみ、権利が守られていないと感じた経験から宣言された条文（例えば、「学ぶ権利」、「安心して休む権利」、「暴力から守られ安心して育つ権利」、「プライバシーの権利」など12の条文がある）と、「権利も自由も、あるいは当たり前も、自分一人では成り立たない。(中略) お互いの当たり前を尊重すれば、ともに生きていけると思う」[34]という思いから宣言された「他者の権利の尊重」という条文があった。

特に「不登校の子どもの権利宣言」の前文の中では、子どもたちは次のように述べた。

> 不登校をしている私たちの多くが、学校に行くことが当たり前という社会の価値観の中で、私たちの悩みや思いを、十分に理解できない人たちから心無い言葉を言われ、傷つけられることを経験しています。不登校の私たちの権利を伝えるため、すべてのおとなたちに向けて私たちは声をあげます。おとなたち、特に保護者や教師は、子どもの声に耳を傾け、私たちの考えや個々の価値観と、子どもの最善の利益を尊重してください。そして共に生きやすい社会をつくっていきませんか[35]。

不登校になることで守られない権利があり、「不登校の私たちの権利を守るため」に声をあげたこの宣言は、特に「保護者や教師に向けたメッセージ」だった。それと同時に「不登校の子、苦しみながら学校に通い続けている子にも読んでいただけたらいいな」と工藤は述べている。「不登校をしている私たちを理解してもらいたい、権利を学んで感じたことを伝えたい」というものだった。

大会のエンディングで工藤たちは「不登校の子どもの権利宣言」を発表し、盛大な拍手の中で採択された。工藤は子どもの権利条約の自主講座を振り返り、「みんなで自分の気持ち、権利を侵害する側、される側の気持ちについて向き合って深めあってきた。それなしでは権利宣言はできなかった」[36]と述べている。「不登校の子どもの権利宣言」はすべての人にとって生きやすい社会を目指す思いが表現されていた。これは工藤たちの不登校経験と、その後の学習活動から得られた社会認識をもとに、社会に向けて課題を提起したものだった。

工藤たちの「不登校の子どもの権利宣言」のほかにも、子どもたちの「手記」の中には次のような「社会への提起」があった。まずⅠ期には、「私たちの人間宣言」（1988年）の発表、子どもたちが企画・執筆・編集等を行った『学校に行かない僕から学校に行かない君へ：登校拒否・私たちの選択』（「東京シューレ」の子どもたち編、教育史料出版会、1991年）や『僕らしく君らしく自分色：登校拒否・私たちの選択』（「東京シューレ」の子どもたち編、教育史料出版会、1995年）の出版など。Ⅱ期には、「児童福祉法一部改正」問題に関して教護院（児童自立支援施設）に「不登校を理由に入所させない」ようにする運動（1997年）、IDEC（International Democratic Education Conference）日本大会の開催（2000年）など。そしてⅢ期には「不登校の子どもの権利宣言を広めるネットワーク」の活動（2010年）などがあった。

おわりに

最後に、不登校の子どもの当事者としての教育運動（自己教育運動）がどのような構造を持って展開したのか、その点について改めて整理しておきたい。

まず、東京シューレに通った子どもは、「学校信仰」をめぐって親や学校と闘わなくてはならなかった。同じ経験をしている仲間と出会うことは、不登校の子どもを孤立から救い出し、自信を回復させた（「仲間との出会い」）。

次に、東京シューレに通った子どもは、「仲間との出会い」を土台にして、仲間との学習に取り組み、そのことを通じて社会認識を深めていった。不登校の子どもは、抱いた疑問や興味を出発点にして、学習活動の内容や方法をも自分たちで見出している。こうして、不登校観や学習観を捉えなおし、学校や社会の変わるべき点を探っていった（「社会認識の深まり」）。

また、東京シューレに通った子どもは、学習活動の中で獲得した社会認識を大人や社会に提起してきた。自分たちの経験を整理する中でつくられた「不登校の子どもの権利宣言」は、苦しんできた不登校の仲間のためだけではなく、すべての人が生きやすい社会をつくっていこうとするものだった（「社会への提起」）。「社会への提起」の段階における自己教育運動の質的な変化の有無を整理することについては、今後の課題としたい。

今日、不登校の子どもの数は増加し続けており、2018年度の不登校の小中学生は16万人を超えている。なぜ多くの子どもたちが不登校になるのか、学校や社会のあるべき姿とは何なのか。その答えを、不登校の子どもたちが重ねてきた取り組み（実践）から改めて学ぶことが必要なのではないだろうか。

注

（1）本稿では、「登校拒否」という言葉と「不登校」という言葉の違いをふまえた上で、それらの言葉に関わる問題を「不登校」という言葉で論じていく。

（2）伊藤茂樹「『教育問題』の発見・処理と運動の展開：登校拒否を例として」『東京大学教育学部紀要』第29巻、1990年３月、p.206

（3）柳下換・高橋寛人編著『居場所づくりの原動力：子ども・若者と生きる、つくる、考える』松籟社、2011年、p.258

（4）藤田秀雄・大串隆吉編著『日本社会教育史』エイデル研究所、1984年、p.3

（5）自己教育運動は、歴史的には「労働者（階級）の自己教育」運動として組織され発展してきたものとされているが、今日的には「労働者のみならず市民運動や住民運動における学習・教育運動をもふくめ」られている（小川利夫・大串隆吉「国民の自己教育運動」『現代教育学事典』労働旬報社、1988年、p.303）。

（6）海老原治善「部落解放と学力と教育」中野光他『教育の現代史（講座 日本の学力Ⅰ）』日本標準、1979年（同『現代日本教育史・教育論集（海老原治善著作集「現代日本教育史選書」第５巻）』エムティ出版、1991年に所収、pp.308 - 334）

（7）大槻宏樹「社会教育の自由と実践：妻籠公民館における自己教育の回路」

『早稲田大学教育学部学術研究 教育・社会教育・教育心理・体育編』第34号、1985年

（8）小川・大串、前掲書、p.304

（9）海老原治善「自己教育と教育の共同性の現代的再生」同『現代日本の教育政策と教育改革』エイデル研究所、1986年（同『現代日本教育科学の課題（海老原治善著作集「現代日本教育史選書」第８巻）』エムティ出版、1994年に所収）などがある。

(10) 笹川孝一「社会教育実践と住民の自己教育運動」小川利夫・新海英行編『新社会教育講義』大空社、1991年

(11) この後、不登校に関わる自己教育運動研究は誰の手によってもなされてはいない。

(12) 仲間と出会うことの意義については大槻宏樹も論じており、「弱者連帯」が自己教育運動のひとつの性格として捉えられている（大槻、前掲）。

(13) 分析対象とした不登校の子どもの取り組みと言葉については、手記が大多数だが、子どもたちの座談会の記録や、インタビューの記事も一部ある。

(14) 東京シューレは1999年にNPOに認証された。フリースクール以外にも、ホームエデュケーションの考え方をもとにしたホームシューレや、主として18歳以上を対象としたシューレ大学、不登校特例校の東京シューレ葛飾中学校があり、それらにおいても多数の子どもによる手記がある。しかし本稿では、フリースクールの東京シューレに通った経験をもつ子どもによる手記のみを分析の対象とし、それ以外は対象外とする。

(15) なお、２つ以上の時期にまたがる場合は、年数が最も多い時期に分類した。

(16) 有永宮子「『学校に行かないのは良い悪いじゃないよ、親との闘いなんだよ』と言われたことを今でもはっきりと覚えています」奥地圭子・矢倉久泰『僕は僕でよかったんだ：学校に行かなかった32人との再会』東京シューレ出版、2012年、p.12

(17) 1985年６月24日に東京シューレはオープンした。有永が最初に２〜３週間通ったのはOKハウスだった。

(18) 有永（2012年）、前掲書、p.14

(19) 奥地圭子のことである。奥地は、1978年に長男が不登校となり拒食症に苦しんだ経験から1984年に「登校拒否を考える会」という親の会をつくり、1985年に東京シューレを開設した。

(20) 有永宮子「『自由』とは空気のようなもの」「東京シューレ」の子どもたち編『学校に行かない僕から学校に行かない君へ：登校拒否・私たちの選択』教育史料出版会、1991年、p.181

(21) 鈴木暁「“あんなふうになってたまるか”と思っていたけど……」「東京シューレ」の子どもたち編『学校に行かない僕から学校に行かない君へ：登校拒否・私たちの選択』教育史料出版会、1991年、p.168

(22) 同上書、p.168

(23)「東京シューレ」の子どもたち編『学校に行かない僕から学校に行かない君へ：登校拒否・私たちの選択』教育史料出版会、1991年、p.200

(24) 子ども同士で話し合ってルールや活動内容を決定する、東京シューレ内における活動のことである。

(25) 奥地圭子『東京シューレ物語』教育史料出版会、1991年、p.243

(26)「東京シューレ」の子どもたち、前掲書、p.234

(27) 石井志昂「『このままじゃ自分が自分でいられなくなる』と飛び出した学校。入会してすぐ参加した、ログハウス建設」奥地圭子・矢倉久泰『僕は僕でよかったんだ：学校に行かなかった32人との再会』東京シューレ出版、2012年、p.104

(28) 石井志昂「不登校に生きる：石井志昂の場合」渡邉広史・石井志昂・田中健一『心配しないで不登校：ぼくの見つけた生き方』講談社、2001年、p.114

(29) 石井（2012年）、前掲書、p.109

(30) 石井（2001年）、前掲書、p.125

(31) 同上書、pp.138-139

(32) 工藤健仁・彦田来留未「『不登校の子どもの権利宣言』をつくり、発信しながら、自分の生き方を考える。」奥地圭子・矢倉久泰『僕は僕でよかったんだ：学校に行かなかった32人との再会』東京シューレ出版、2012年、p.231

(33) 工藤健仁「ティーンズ・メッセージfrom はらっぱ（Vol.163）採択した！『不登校の子どもの権利宣言』」子ども情報研究センター『はらっぱ』300号、2009年10月、p.15

(34)「“不登校の子どもの権利宣言”追補文全文」『Fonte』第322号、2011年 9 月15日

(35) 同上

(36)「権利宣言、作成の経緯は」『Fonte』第273号、2009年 9 月 1 日

（公教育計画学会会員）

公教育計画学会第 8 回研究集会
地域と公教育の行方

公教育計画学会研究集会：

公教育計画学会第８回研究集会
――集会テーマ：地域と公教育の行方

公教育計画学会年報編集委員会

公教育計画学会第８回研究集会
――集会テーマ：地域と公教育の行方
2019年３月16日（土） 於：名古屋外国語大学K館508教室

【報告者】
元井　一郎（公教育計画学会会員　四国学院大学）
戸倉　信昭（公教育計画学会事務局長）
住友　　剛（公教育計画学会会員　京都精華大学）
【司会】
田口　康明（公教育計画学会会員　鹿児島県立短期大学）

今回の研究集会に関する視点（司会者からの提案）

現在、政府・文部科学省は、地域における資源を学校に集約させて活用しようとしている。私たちは個々の問題を明らかにしたうえで、なぜこのような政策が展開されているのかについて、真剣に向き合って検討していくべきではないのか。東日本大震災に関わる諸問題もそうだ。全体を隠しながら個別の対応で何とかしようとしてはいないだろうか。

例えば「子ども食堂」に関しても、「つなぎ」の措置としてはいいが、再配分機能が果たされていない等の大きな問題について、私たちはしっかりと向きあった議論をしていないのではないか。個別の問題としてだけではなく、大きな視点からの問題として捉えていかなければならないのではないだろうか。
そうした視点から今回の研究集会は、「地域と公教育の行方」と題して、教育と地域社会がどのように現在の政策において想定されているかを中心に議論や意見を交換していきたいと考えている。

元井　一郎：地域社会に開かれた教育課程とは
――現代日本の教育政策の論理を探る

1．問題の所在としての2015年中教審答申とその後の政策論理

先ず、2015年12月21日に出された中央教育審議会（以下、中教審と略）の3答申とその構成について、若干の整理を行いたい。三つの答申とは以下の通りである。

・これからの学校教育を担う教員の資質能力の向上について ～学び合い、高め合う教員育成コミュニティの構築に向けて～ （答申）（中教審第184号）

・チームとしての学校の在り方と今後の改善方策について（答申）（中教審答申第185号）

・新しい時代の教育や地方創生の実現に向けた学校と地域の連携・協働の在り方と今後の推進方策について（答申）（中教審186号）

この三つの答申は、相対的な区別は可能であるが、教育政策の論理としては、答申以降（2016年以降）の公教育運営の効率的政策展開を可能にするための政策答申であることは指摘するまでもない。換言すれば、公教育の基軸をより「学校」に置き、学校における教育的営為に関して財政的効率（競争原理と規制緩和の徹底）の追求しながら、学校に関わる諸人材・資源を再配置（再構築）するための方針を「学校教育に関わる共同利害」として位置づけ、提示した点に特徴があると考えている。

したがって、これら三つの答申を総合的にとらえる視点から批判的検討を行わなければ、現代的な教育政策の論理（方向性）をつかみ出すことはできない。

例えば、「地域に開かれた教育課程」という視点は、上記の「186号答申」と直接的関連を持つ内容であるが、表題に明記されているように「学校」が基軸として設定され、想定される「学校」の新たなイメージ、あるいは将来像（理想像）を「185号答申」に示しているのである。さらに、そうした「学校」を担うべき中核的な人材として設定される教員の新たな養成システムの再編が「184号答申」で明示されている(1)。つまり、「地域と学校」の連携において教育課程を構築しつつ、それを主要に担う教員は「カリキュラム・マネジメント」を実践し、それをもって「チームとして」学校（教育）を展開するという論理であり、しかも、それを担うための新たな教員養成システムの構築が目指されている。つまり、前述の三つの答申は、そうした論理で構築され、提示されて

いるのである。したがって、この三つの答申の連関を見据えて「地域に開かれた教育課程」[(2)]という論点は、整理しなければならいだろう。

周知のように、既にこの答申から３年（2019年３月時点）が経過し、様々な具体的な政策が実施されている。例えば、学習指導要領の改訂（2017年度・2018年度改訂）と実施（幼稚園では、2018年度実施、以下、小学校2020年度、中学校2011年度、高等学校2022年度での実施計画）は、政策日程として具体化している。また、教員養成に関わっては、2018年度に実施された教員養成大学における教職課程の再課程認定および認可（認可は2019年２月に各大学に通知）が実施され、都道府県及び政令指定都市等の教育委員会による教員「育成指標」の策定等がすでに実行されている。そうした政策実施をも踏まえて、「地域に開かれた教育課程」の論理は議論しなければならない。

併せて、注意すべき点はこの答申後の文科省の政策計画（プラン）等の動向である。例えば、答申が出された翌年（2018年１月）には「「次世代の学校・地域」創生プラン」（いわゆる「馳プラン」[(3)]）が提示されている。このプランにおいて、文科省は「社会に開かれた教育課程」という表現をとりはじめ、中教審教育課程部会での検討を依頼している。この「馳プラン」こそが、2015年中教審答申第186号をより具体化した文科省の教育課程に関する政策構想である点は注意すべきである。

したがって、私たちは、「地域に開かれた教育課程」という政策論理を整理する際に、2015年答申とともに、「馳プラン」策定以降の教育課程政策等をも検討しなければならないのである。誤解を恐れず教育課程をめぐる近年の政策動向を整理するなら、教育政策の実際は、文科省による現政権への忖度と経産省を中心とする経済諸政策への無批判な受容というアマルガムという実態なのである。

２．「社会に開かれた教育課程」の論理

（１）中教審答申第186号の論理の変容
――「社会に開かれた教育課程」への転換

「中教審答申第186号（新しい時代の教育や地方創生の実現に向けた学校と地域の連携・協働の在り方と今後の推進方策について）」に関しては、答申以降の政策論理にそれほど大きな変化がみられないという見方もあるが、教育政策の論理としては、「社会に開かれた教育課程」という政策論理への転換が極め

て重要だと考える。前述の「馳プラン」を前提にして開催された中教審教育課程部会の資料（2016年 4 月20日）の中に、文科省が作成した「社会に開かれた教育課程」を実現するために必要方策について」という文書がある[4]。その文中には、以下のような中教審教育課程部会で議論すべき 3 つの内容が提示されていた。

○地域・家庭との連携・協働により「社会に開かれた教育課程」を実現する体制づくり

○各学校が、次世代に求められる資質・能力の育成を、カリキュラム・マネジメントを通じて実現していくための組織運営や指導体制の在り方

○全員参加でのカリキュラム・マネジメントやアクティブ・ラーニングの視点からの教授改善を進めるための、教員の資質向上

さらに「社会に開かれた教育課程」について、文科省は中教審教育課程部会の議論を踏まえて、次のように整理している[5]。

①よりよい学校教育を通じてよりよい社会を創るという目標を持ち、教育課程を介してその目標を社会と共有していくこと（下線、筆者）

②子供たちが、社会や世界に向き合い関わり自らの人生を切り拓いていくために求められる資質・能力とは何かを、教育課程において明確化し育んでいくこと

③地域の人的・物的資源を活用したり、放課後や土曜日等を活用した社会教育との連携を図ったりし、学校教育を学校内に閉じずに、その目指すところを社会と共有・連携しながら実現させること（下線、筆者）

既に指摘したように、文科省が構想する今後の教育課程に関わる政策の論理は、学校における「目標（目指すところ）」を社会と「共有・連携」することを第一義的に追及しようとする点に特徴がある。「地域に開かれる」あるいは「社会に開かれる」という表現には、学校教育を基軸とする公教育体制の運営を地域において地域資源を活用しつつ安価に推進しようとするという政策意志が見え隠れする。その意味で、「地域社会」あるいは「地域」という表現は、単なる政策呼称の飾りであり、政策論理の本質には新自由主義的な政策展開を強力に推進するという国家意志があることを冷静に捉えるべきである。

（2）教育課程を主軸する公教育の再編論理

概観してきたように、2015年12月中教審答申において明確になっているよう

に、文科省は、公教育システムの再編に関して教育課程（学校教育を中心とする課程編成）を基軸に実施、展開しようとする点である。その点は、文部科学省による「次世代の学校・地域」創生プラン等に明確に提示されている通りである。今後の公教育運営に関わり、学校教育の教育課程を基軸にした再編成、つまりは、地域社会の様々な資源（人的なものを含む）を総動員する体制の構築、それが「社会に開かれた教育課程」の実現という施策目標である。

この政策目標に関わり、2015年の中教審答申以降に、文科省は改めて中央教育審議会の教育課程部会にたいして、教育課程の再編についての方針や方向性に関わる審議を求めている。そこには明確に、安上がりな公教育運営という政策方針が基底にあるといえるだろう。まさに、新自由主義に基づく公教育再編としての教育政策論理が、個別の学校あるいはその地域社会の教育資源を活用するという方針として貫徹しているといえる。

3．公教育の再編論の手段としての「チームとしての学校」論

（1）「チームとしての学校」論の論理

2015年の中央教育審議会答申「チームとしての学校の在り方と今後の改善方策について」の中で、「これからの学校が教育課程の改善等を実現し、複雑化・多様化した課題を解決していくためには、学校の組織としての在り方や、学校の組織文化に基づく業務の在り方などを見直し、『チームとしての学校』を作り上げていくことが大切である」と明記されている。以下で、この中教審答申における記述を少し整理しておこう。

先ず答申では、「チームとしての学校」の在り方については以下のように明記されている。

> 「これからの学校が教育課程の改善等を実現し、複雑化・多様化した課題を解決していくためには、学校の組織としての在り方や、学校の組織文化に基づく業務の在り方などを見直し、「チームとしての学校」を作り上げていくことが大切である。…　略　…　教員に加えて、多様な専門性を持つ職員の配置を進めるとともに、教員と多様な専門性を持つ職員が一つのチームとして、それぞれの専門性を生かして、連携、協働することができるよう、管理職のリーダーシップや校務の在り方、教職員の働き方の見直しを行うことが必要である。」（6）

第二に、「チームとしての学校」像については以下のように整理されて

いる。「校長のリーダーシップの下、カリキュラム、日々の教育活動、学校の資源が一体的にマネジメントされ、教職員や学校内の多様な人材が、それぞれの専門性を生かして能力を発揮し、子供たちに必要な資質・能力を確実に身に付けさせることができる学校 … 略… 学校のマネジメントモデルの転換を図っていくことが必要である。」(7)

中教審答申から導き出される「チームとしての学校」論は、先ず何よりも学校を「専門性に基づくチーム体制」として構築しようとすることを前提としている。つまり、学校に必要な教職員、専門能力スタッフ等の配置を進めるとともに、教員が授業等の専門性を高めることができる体制や、専門能力を有するスタッフ等が自らの専門性を発揮できるような連携、分担の体制を整備することを目指していこうとする論理である。同時に、「学校のマネジメント機能の強化」を目指す点にも極めて注目すべき特徴がある。教職員や専門能力スタッフ等の多職種で組織される学校がチームとして機能するよう、管理職のリーダーシップや学校のマネジメントの在り方等について検討を行い、校長がリーダーシップを発揮できるような体制の整備ということである。

（2）「チームとしての学校」論とカリキュラム・マネジメント

2015年中教審答申は、すでに述べてきたように公教育再編について学校、とりわけ学校教育課程を基軸に展開しようとする政策論理を明示したものである。そこには、学校教職員の総動員体制確立のための学校再編路線が透けて見える。この点、「チームとしての学校」論として提示されている政策論理が典型的に示している方針でもある。少なくとも、次の三点は、この「チームとしての学校」論において展開される政策動向に関わり、今後注意深く議論をしていかなければならない事柄である。

1）「学校」それ自体の問題点を不問にした「チームとしての学校」論

改めて指摘するまでもなく、憲法第26条が規定している「教育を受ける権利」は、「学校義務制」を前提としているわけでない。つまり憲法が想定しているのは「教育義務制」に他ならないという点である。現行の学校それ自体の在り方を含めて検討するべきところを、そうした理論的検討なしに「学校」それ自身を無批判に想定し、教育活動の基軸と位置付けることを「チームとしての学校」論は論理的に内包している。この点は、根底的に批判し、検討すべき課題であると指摘しておきたい。

2）文科省が推進する「チームとしての学校」論における公教育再編論

文科省は、「チームとしての学校」を構築するために「学校が教育課程の改善等を実現し、複雑化・多様化した課題を解決していくためには、学校の組織としての在り方や、学校の組織文化に基づく業務の在り方などを見直し」ていくことが重要だと指摘する。そして、この政策論理は同時に「専門性に基づくチーム体制の構築」、「学校のマネジメント機能の強化」、「教職員一人一人が力を発揮できる環境の整備」という学校を起点にして公教育再編を企図する政策論理であり、そのために学校のマネジメント機能の強化や教員の専門性が議論されるのである。公教育を「学校」に集約させ、学校改革そのものが公教育再編であるかのような幻想を拡大する危険性を有している。

3）「チームとしての学校」論と教育をめぐる総動員体制

2015年12月の中教審答申は、「チームとしての学校」論という政策構想において、学校教育をめぐる諸課題の解決という論理だけでなく「教育の質・保証」や「地域社会」との一体化論や協働論が複合的に主張されている点が極めて重要な論点である。つまり、学校をめぐる議論として、慎重に丁寧に議論すべき論点を整理することなく、より直截に指摘すれば理論的な検証抜きで一体的、協働的に実施する体制の構築を目指している点が問題なのである。「チームとしての学校」論は、単に学校の改革だけでなく学校を基軸とする教育改革を教育にかかわる国家的総動員体制の構築の入り口として設定している点に私たちは注目すべきなのである。

まとめにかえて

本報告では、「地域社会に開かれた教育課程」に関して、2015年12月に出された三つの中教審答申を確認することから議論を始めた。2015年の中教審答申は、その全体的な構成として2010年代、より正確には21世紀に入り教育政策が追求してきた公教育再編論についての方向性を示したといえるのではないだろうか。2015年の中教審答申以降、学習指導要領の改訂、教育職員免許法の改正、さらには教育公務員特例法の改正等、矢継ぎ早に行われた法制度改革は、指摘するまでもなく2015年中教審答申の路線に沿ったものである。そうした改革等が目指している政策論理を正確に捉え、批判することが重要であると最後に指摘しておきたい。

［追記］本報告後、発表を踏まえて部分的に加筆訂正して文章化した。

戸倉　信昭：新自由主義的な教育政策に対抗する現実的な手法について

０．報告の意図

本報告では、大阪市職員で社会教育の専門職（図書館司書）である筆者が、のべ８年間、学校支援施策の実務担当者として感じ、体験したことをもとに、自治体の教育政策の立案・実施や、学校と学校以外が連携協働する際に留意すべき点を指摘しながら、新自由主義的な教育政策に対抗する現実的な手法について検討する。途中、2018年12月に刊行された『新自由主義的な教育改革と学校文化――大阪の改革に関する批判的教育研究』を用い、同書の論調に同調しつつも、現場視点から違和感を覚える部分を率直に示すことで、状況を打破するためには何が必要か考えてみたい。先行研究も多々あろうが、専ら現場経験に立脚し、仮説・課題提示の域を出ないことをあらかじめお断りしておく。(年報収録にあたって、１年余経過後の状況などを一部加筆修正した。)

１．学社連携は、「“社”は敵ではない」と思ってもらえることが出発点

４年前の2015年から、学校司書等の人的配置を全く行ってきた大阪市において、学校図書館活用推進事業という看板を掲げて初めて「学校図書館補助員」150余人を、約420校の市立小中学校全校に週１回、一斉に配置することとなり、補助員の採用、研修、配置、勤怠管理、給与支払い、学校との連絡調整など、補助員にまつわる業務は一切、中央図書館の「学校図書館支援グループ」が担うこととなった。筆者は今日までこの事業の実務責任者である。

最初に直面した壁は、学校から「警戒されている」ということだった。学校のことを理解していない人を補助員として送り込まれても困る、とまで言われた。それが、閉ざされがちだった図書室の扉が開き、掲示物や図書の展示で親しみやすい空間となり、事例報告会や教員間の口コミ、同じ補助員が勤務している学校どうしの情報交換が進むにつれて、４年目でやっと補助員配置の制度自体が定着してきた、という手ごたえがある。

校長や他の教員は、教育委員会事務局のことを「委員会」と呼び、「委員会は現場をわかっていない」「委員会が無理難題を押し付けてくる」という使い方をする。さらに狭義の「委員会」は、おもに指導主事で構成されている「指導部」を指し、学校経営の適正執行を監督する存在として、緊張感をもって用

いられる言葉でもある。このような対立軸が出来上がっている関係性の中で、教育委員会事務局の、学校教育ではない社会教育の、本庁ではない社会教育施設の職員が学校と連携する際のハードルは推して知るべしである。

補助員の配置から数年前、人事異動で４年間、指導部に在籍していた筆者は、図書館職員としてそれまで受けてきた対応とのあまりの差に戸惑ったという経験を持つ。電話をかけてもぞんざいに扱われる、学校訪問しても挨拶もしてもらえないのが普通だったのに、指導部と名乗って訪問すれば必ず校長室に通され、丁寧な言葉を使ってもらえる、というギャップを体験し、学校の敷居の高さを身に染みて感じたものである。

筆者はことあるごとに、2008年５月の社会教育法改正の国会審議での発言を想起する。以下引用する。「学校というのは固有の文化を持っています。もう戦後六十何年、特定のがっちりした制度のもとにずっと運営されていますので、外の社会とはかなり違う文化が独自に形成されております。そこに対して地域が支援するといっても、学校の文化の枠組みに合った形で地域の方で支援するということが求められながらも、今度は、地域には地域の文化がある、あるいは企業の人が学校支援をやるとなれば企業の文化を背負ってくるということで、必ず文化のぶつかり合いというのが起こるんですね。よく言われるのが、学校には固有のスケジュールがあります。絶対に先生方が電話に出られない時間に地域の人が電話をして、出られませんと言われたら地域の人は怒ってしまう、それでけんかになるという、しなくていいけんかを始めてしまうということがよくあるわけですね。」（参考人・田中雅文・日本女子大学教授）

この間、補助員に対して研修などで一番強調してきたことは、「学校ごとに様々な事情があることを理解する」「意に沿わないことを言われていると思ってもまずは受け止める」ということである。これは、読書推進や図書室充実に熱い思いを持った補助員が、十分に素地のない配置校で暴走しないため、ということもあるが、なにより学校の状況は常に流動的で、多種多様な力学が働いているということを常に念頭に置くべきだと考えたからである。様々な事情、多種多様な力学とは言うまでもなく、教員間の力関係、保護者、地域性、地域住民であり、学校のありようは学校だけで完結して形成されない、という意味である。少数派である社会教育側が一方的にそのことを意識することで初めて、フラットな関係性が築ける。

さて、そのようにして現場に定着させてきた補助員配置が、2019年度予算において財政難を理由に２割削減（約２億円から１億６千万円に）、通年配置が継続できないという状況が出現した。当然、学校現場からの反発は大きく、激しい言葉で担当者を罵る校長も少なくなかった。せっかく築き上げた学校との関係性が分断されかねない危機となった。このことには、大阪市の教育施策が決定される仕組みも関係していると言える。詳しくは後述する。（なお、最終的には、議会での予算審議で批判が集中し、方針が修正され、前年同様に補助員が配置できる予算が確保されるに至った。）

２．大空小学校は「独自」なのか

さて、『新自由主義的な教育改革と学校文化――大阪の改革に関する批判的教育研究』（以下「同書」）では、「学校の教員たちがその教育活動において共通に重視している価値や信念のまとまりを「学校文化」という言葉で表す」（27頁）とし、「多様な地域性を抱える大阪において、一枚岩的に共有される一つの学校文化があるとは考えにくい」（同）としつつ、人権・同和教育をベースにした、課題を抱える子どもたちに向き合う姿勢が、大阪の学校に通底している、という前提で論が展開されている。

同書では、新自由主義的な教育改革の中にあって、従前の人権教育に根差した大阪市の教育実践を保っている例として、大阪市立大空小学校の事例に１章を割いている。テレビドキュメンタリー『みんなの学校』が映画化され、注目されている学校である。その実践になんら反対すべき側面はないと断っておく。ただ、大空小学校の教育実践を「独自の学校文化」（179頁）と表現しているが、これには違和感がある。子どもを中心にということをテーゼに教職員一丸となって取り組んでいる学校はほかにも多数ある。それでも大空小学校が、ひどい状況の大阪市にあってあたかも希望の星のように扱われるのは、マスメディアで取り上げられ有名になったからであり、そのことが、「学校ごとの個性」を強い「特色」を出すように迫る新自由主義的教育政策が求める方向性と皮肉にも符合することを指摘したい。初代校長の木村泰子先生が「皮肉交じりに、「私と橋下さんは二人三脚で進んできた」と話し」たというエピソードが同書に引かれている（199頁）が、特色を強要する教育改革を結果的にではあるが逆手にとったことになっているとは言えまいか。

木村元校長は、退職後は全国を飛び回って大空小学校での教育実践を語っているが、明確な理念をもって学校経営にあたる強力な個性の校長のリーダーシップが大空小学校の教育を実現させたということがまず印象に残り、「大空だからできた」「木村校長だからできた」というような受け止め方が当の大阪市の現場には根強いと感じる。筆者が担当している学校図書館分野でも、全国的に名が知れた実践家の教員が少なくないが、あの学校の図書室は○○先生がいるおかげ、うちでは無理、といった声は数えきれないくらい聞いた。

有益な実践を普遍化、大衆化するという視点を持ちつつ、そのための方法論を構築することが、現場と教育行政をつなぎなおすポイントになるのでは、筆者は考える。当の大阪市で、木村元校長を講師に招いて人権教育の教員研修会が行われたという話は聞かない。大空の実践が「独自の学校文化」にとどまらず、「大阪市の教育」たりえるために、できることはあるはずである。

3．学校現場のニーズをくみ取れない教育行政への視点

ここまで、学校図書館施策が学校の意に反して削減されようとしたこと、大空小の実践が市の教育全体の底上げに作用しきれていないことを例示した。これらを、教育行政のありようと結びつけてどう克服していけるのか考えたい。

同書では「教育政策という外部からの圧力」（199頁。傍点筆者）、「大阪にどのような教育政策が生み出されようとも、実践の主導権を握るのはあくまでも学校現場であり、実践者である」（175頁）というトーンが随所にみられる。筆者は紛れもなく教育行政側の人間であり、外部からの圧力と表現されるのには率直に言って抵抗がある。教育委員会事務局の職員の中にも、本書で取り上げられている現場の声と同じ思いを持つ者が少なからずいるはずだからである。

役所の組織は決定に従って動くしかない仕組みになっており、教育行政もその例外ではない。制度的に独立性が担保されている教育委員会についても、首長の関与がより明確に位置付けられる制度変更により、首長の方針を反映した教育政策が教育委員会において決定されたからには、それに従って粛々と進めていくしかない。首長の意思は、選挙権を持つ住民の意思だからである。

より具体的に言えば、大阪市の教育行政の基本的な立ち位置は、橋下前市長のもとで教育委員長を務めた大森不二雄氏（現・特別顧問）の影響下にあることは同書の指摘の通り（47頁）であり、大森氏の著書『ゆとり教育亡国論』（2000年刊）で示された政策の実践（実験）であることは客観的に見て明らかである。橋下前市長の後継である吉村前市長、松井市長という、維新勢が市政の実権を握っている間はこの状況は継続する。逆に言えば、有権者にの選択に

より市長が維新勢力から交代すれば、大森氏はおそらく大阪市から手を引き、現状が劇的に転換する可能性が高い（2007年に平松邦夫氏が市長に就任した直後、上山信一・特別顧問が静かに退場したのと同じである）。

話を戻すが、そういった教育行政組織の中にあって、最も難しい立場なのが指導主事である。現場に戻れば校長・教頭である彼らは、冒頭で紹介した「委員会」の中にあっては学校を管理する側であり、「外部からの圧力」の側となる。方向性に疑問を持っていたとしても、組織運営上は決定方針に従って、意に沿わないことも学校に示さなければならない。つまり、葛藤を抱える教員は学校現場だけではなく教育行政側にも存在するという事実を理解し、事務局内の良心的な教員を孤立させないという視点が必要である。もとよりバランスの取れた組織運営が実現していれば、自由な議論の中であるべき方向性が見いだせるかもしれないが、大阪市のような巨大な行政組織が現在のような状況になってしまうと、現場と同じように教育行政組織にも本来備わっているはずの「レジリエンス」が容易に働かない。

同じ構図は、筆者が属する「学校外の支援セクター」に対しても指摘できる。学校教育への支援施策である学校図書館補助員の配置が、主管が社会教育にあるというだけで社会教育費の圧縮の影響で削減されるという状況に対し、学校現場から「それは困る」という声をどこに上げていけばいいのか。何を変えれば状況が改まるのか、一面的な捉え方では見えてこない。

おそらく従来は、勢力間のパワーバランスにより、一定常識的な政策判断が担保されていた。同書に「昔やったら教育委員会あって、校長会あって、組合あって、そこですり合わせながらやっていたのに、今は完全に遮断されて、トップダウンで降りてくる。それに戦々恐々慌てふためく。それが今の大阪の教育」（142頁）という教員の声が出ているが、まさにその通りであると思う。地域では同様に、同和施策や地域振興町会（町内会）は利権だという決めつけによる攻撃、施策の廃止・縮小による弱体化が行われることで、各セクターが孤立し、あるいは構成員が分断されることで、新自由主義的な教育改革に歯止めがかからない状況が生じている。分断を解消し繋ぎなおすことしか処方箋はない。

4．大阪市行政をめぐる特徴的な状況

最後に、現状を打破するために避けて通れない大阪市の特徴的な状況をいく

つか指摘したい。

まず、大阪市は巨大すぎて小回りが利かない、という点である。だから分割する、といったことが大阪都構想のキモとなっているわけであるが、ある意味当たっている部分であり、教育行政においても、一斉に平等に同じボリュームで施策を充てることによる弊害や、重点化・焦点化して傾斜配分することの難しさが常に付きまとってきた。話が逸れるかもしれないが、第9次地方分権一括法の中で、博物館をはじめとする社会教育施設の所管を教育委員会とするか首長部局とするかを自治体の判断に委ねる、という法改正が目論まれているが、それに反論する言説の中に、教育委員会を外れることで、社会教育施設と学校との連携が困難になる、というものがある（中教審ワーキングでの発言など）。これは、学校教育の部署も社会教育の部署も一つの部屋に収まるような中小都市では確かにうなずける。同じ部屋で少し歩けばすぐに意見交換できるような環境が、別の階、別の庁舎に出向かないと顔を合わせられなくなってしまう、というのは現実的な問題である。しかし大阪市は、学校教育（指導部）は本庁、社会教育（生涯学習部）は中央図書館と、庁舎が完全に分かれていて、連携協働には初めから工夫が求められる状況を抱えている。単位を小さくすることで解消できる課題も実際には存在すると思われる。このように、維新政治には一見正論に見えることを巧妙に組み合わせて世論を誘導する仕掛けがある。

教育行政においても、学校給食の公会計化がすでに実現したし、2019年度は中学校給食の学校調理方式へし完全移行、2020年度は、コロナウイルス緊急対応が発端ではあるが、給食費完全無償化が実施される予定である。このように、功罪併せ持つ状況に対し、功の部分だけをクローズアップして喧伝されがちな状況に注意しなければならない。

世論形成ということで言えば、地域の人々の多くは、大阪市の現状、大阪市の教育の現状を、主としてテレビメディアを中心としたマスコミによって報じられた内容によって理解・判断している、という構造が出来上がっていることも看過できない。全国メディアにより象徴的に報じられる「大阪市」（こんなに取り上げられる自治体は他にない）であるがために、マス情報としてローカル情報が耳に入る。マクロの言説でミクロが語られている。たとえそれが一面的で興味本位の報じられ方であっても、芸能人のコメンテーターが面白おかしく話す内容であっても、大阪市民の多くはそれを「これが今の大阪市の姿」として受け止めているのではないか。例えば、俳優が府知事選出馬を検討し、のちに辞退したということを、全国の人と同じメディア、同じタイミングで大阪市民も知るのである。このことは、裏を返せば「地域課題を地域から知る機会が減っている」ということであり、人間関係の希薄化、地域組織の弱体化などを背景に、新自由主義的な政策が受け入れられやすい土壌を作り出していると言えるのではないか。

学校教育においてそれを克服するためには、地域学校協働本部などの施策を逆手に取ってでも、学校外のステークホルダーを「敵」と位置付けずに学校に意識的に招き入れるとともに、学校が抱える課題を地域住民に示すことで、地域課題の解決主体として住民がエンパワーメントすることも求められる。

住友　剛：「子どもの危機」に学校・地域はどうかかわるのか

はじめに――本報告の課題意識や議論の枠組みについて

本報告は表題にあるとおり、たとえば「いじめ」「体罰」「貧困」「虐待」等々の「子どもの危機」ともいえる諸課題への対応を中心に、近年の公教育において、学校の取り組みと地域社会の人々の取り組み（以後「学校」「地域」と略）とがどのような関係でつながっているのかについて考察を行うものである。ちなみに、先述の「子どもの危機」とも言える諸課題は、別の言い方をすると、公教育における子どもの権利保障の諸課題でもある。

本報告で特に重視したいのは、「子どもの危機」に対する「学校・地域」の向き合い方である。具体的には、本報告では次の4つの切り口からこの「向き合い方」に関する諸課題を考えることができる。

①学校と地域が共に「子どもの危機」の解決に取り組んでいる。

②地域が「子どもの危機」を生み出し、学校がそれを解決しようとしている。

③学校が「子どもの危機」を生み出し、地域がそれを解決しようとしている。

④学校も地域も共に「子どもの危機」に対応できない。

ところで、特に学校と連携する「地域」の範囲をどの程度のものとして考えるか。この点も、実は本来、重要な論点である。たとえば公立小中学校の「校区」レベルで考えるのか、それとも公立高校の「学区」のレベルで考えるのか。あるいは「市区町村」のような基礎自治体レベルで考えるのか。それによって学校と連携する「地域」といっても、見えてくるものはいろいろと異なるはずである。そこでひとまず本稿では、「公立小中学校の校区」のレベルで「地域」を考えることにする。

1．学校と地域が共に「子どもの危機」の解決にとりくむ？

まずは①のように、学校と地域が連携して、「子どもの危機」に関する諸課題の解決に向けた取り組みを積極的に行うケースが想定される。

たとえば、2016年１月25日の文部科学省「『次世代の学校・地域』創生プラン～学校と地域の一体改革による地域創生～」(8) では、「一億総活躍社会の実現と地方創生の推進には、学校と地域が相互にかかわり合い、学校を核として地域社会が活性化していくことが必要不可欠である」との考えに立ち、「学校と地域の連携」を推進する方針を示した。

特にこのプランでは、「地域と学校の連携・協働の推進に向けた改革」という観点から、「地域の人々と目標やビジョンを共有し、地域と一体となって子供たちを育む「地域とともにある学校」への転換を図るため、全ての公立学校がコミュニティ・スクールとなることを目指して取組を一層推進・加速し、学校と地域との組織的・継続的な連携・協働体制を確立する」ことを目指すこととした。また、「地域と学校の連携・協働の推進に向けた改革」という観点からは、このプランでは、「地域と学校の連携・協働の下、幅広い地域住民等(多様な専門人材、高齢者、若者、PTA・青少年団体、企業・NPO等）が参画し、地域全体で学び合い未来を担う子供たちの成長を支え合う地域をつくる活動（地域学校協働活動）を全国的に推進し、高齢者、若者等も社会的に包摂され、活躍できる場をつくるとともに、安心して子育てできる環境を整備することにより、次世代の地域創生の基盤をつくる」ことを目指した取組みを行うことになった。そして、「地域が学校のパートナーとなるための改革」として、このプランでは、「地域学校協働本部と学校との連絡調整を担当する人材の配置促進や、地域学校協働活動を推進するための学校開放の促進等を通じて、地域が学校のパートナーとして子供の教育に関わる体制を整備することにより、教員が子供と向き合う時間を確保できるようにするとともに、次代の郷土をつくる人材の育成や持続可能な地域の創生を実現する」取組みを行うこととなった。以上のとおり、この数年、文部科学省は「学校と地域の連携・協働」を積極的に推進してきたところである。

ちなみに、ドキュメンタリー映画「みんなの学校」で一躍有名となった大阪市立大空小学校には、学校の諸活動にかかわるサポーター（保護者）や、子どもの登下校の様子を見守る地域の人々（パトレンジャー）など、教職員以外の多様な人々のかかわりが描かれている。また、不登校や遅刻傾向のある子どもなど、さまざまな課題のある子どもたちが、同校では教職員だけでなく、他の保護者やパトレンジャーなどの地域の人々からもあたたかく見守られているようである[(9)]。同校でのこのような情景は、文部科学省の目指している「学校と地域の連携」の姿とも重なるところがあるだろう。

2．地域が「子どもの危機」を生み出し、学校がそれを解決しようとしている？

さて、「学校と地域の連携」といっても、その「地域」のありようは実に多様である。

たとえば橋本健二『階級都市』（ちくま新書）が明らかにしたように、同じ東京都文京区内でも新中間階級の世帯が比較的多く居住する地域と、あまり住んでいない地域の両方がある[(10)]。また、東京都23区の数値を比較すると、生活保護世帯の割合の比較的高い区と、それほどでもない区があることもわかっている[(11)]。そして、保護者の直面する経済的な困難と心身の状態などの複合的な要因が、子どもの虐待の背景要因にあることは、すでに先行研究などでも指摘されてきたことである[(12)]。

このような状況をふまえていえば、文部科学省の目指す方向に即して「学校と地域の連携」を充実させようとしても、肝心の地域の側の実態によっては、逆に学校が地域の諸課題を引き受けざるをえないケースもでてくるのではないか。あるいは地域側に「子どもの危機」を解決するだけの実力がなく、なおかつ社会福祉の公的機関の対応能力にも限界があるのならば、個々の「子どもの危機」への対応は学校が一手に引き受けざるをえないであろう。

具体的に子どもの虐待問題に即していうと、たとえば児童虐待防止法第５条では、教職員には虐待の早期発見に努める義務があるとともに、学校には子どもや保護者に対して虐待防止に関する教育・啓発に努める義務がある。また、児童福祉法第25条の２に基づいて自治体に設置される「要保護児童対策地域協議会」（要対協）の構成員として、学校が教育委員会とともに関係機関の一つとして位置づけられている。

このような法的根拠などをふまえて、大阪市西成区では要対協をベースとして、学校園・保育所、区役所、子ども相談センター（児童相談所）などが、子どもの虐待や非行、不登校などさまざまな「子どもの危機」について連携する取り組みが行われてきた。また、西成区ではこの要対協の下に、2004年から６つの中学校区単位で「地域ケア会議」が設けられ、毎月、子どもの虐待防止や子どもの貧困等の諸課題を中心に、困難な状況にある子どもと家庭の支援のあり方について連携を行ってきた。そして、この「地域ケア会議」のルーツは、1990年代半ばから「あいりん子ども連絡会」や「同和地区学校ケース会議」というかたちで、個々の課題のある子どもと家庭の支援について学校と地域が連携を行ってきた取り組みだという(13)。

このように、たとえば子どもの虐待防止に関して言えば、「早期発見・対応」や「日々の見守り（保護）・ケア」等の取り組みに、学校としても積極的にかかわらざるをえない地域がある。また、すでに子どもの虐待防止への取り組みでは、児童福祉法や児童虐待防止法等を根拠として、制度的にも学校が地域の取り組みにかかわらざるをえないように位置づけられている。「学校と地域の連携」を考えるにあたっては、このように「教育（学校）と福祉の連携」という観点から、制度的・施策的にも、実践的にも、先行的に取り組まれているものがあることを忘れてはならない。

３．学校が「子どもの危機」を生み出し、地域がそれを解決しようとしている？

２のようなケースとは別に、たとえば、いじめなどを苦にした子どもの長期不登校の発生を前にして、学校に行かない・行けない子どもたちの居場所づくり活動を地域の側が行うこともある(14)。あるいは地域の側が「放課後の学習支援活動・体験活動の場づくり」や「子ども食堂」の運営などを通じて、学校になじみづらい傾向のある小中学生へのサポートを行う場合もある(15)。さらには、文化系・スポーツ系を問わず「部活動の社会教育（体育）化」を行う場合(16)や、あるいは学校の環境整備や学校図書館の運営などへの学校ボランティア導入にも、地域が深くかかわる場合がある(17)。このような地域のさまざまな取組みは「学校の下請け」のようなものなのか、それとも学校が「子どもの危機」にうまく対応できないことの「後始末」を行っているのだろうか。

他方で、たとえば「子どもの危機」に関する諸課題の解決あるいは緩和に向けて、あるいは「部活動の社会教育（体育）化」や学校ボランティア活動などに参加・参画するかたちで、実際に何か行動しうる人々がどの程度、各地域にいるのだろうか？　具体的に言えば、現在も一部の地域における子どものスポーツ団体や文化活動団体の運営には、土日や祝日、学校の長期休暇中などの活動場面を中心に、保護者が積極的にかかわっているケースが見られる。そのような「余裕」のある生活が可能な保護者や地元住民などが多数居住する地域と、そうでない地域とでは、おのずから「学校と地域の連携」においても格差が生じるのではなかろうか。それこそ行事運営などの場面において、たとえ「学校ボランティア」として学生を積極的に活用したいと学校側が考えていても、近隣に大学・短大等がない地域は、どうすればいいのだろうか？

4．学校も地域も共に「子どもの危機」に対応できない？

ところで、たとえば公立学校への「学校選択制」導入や、通学区域を基礎自治体全体にまで拡大した公立小中一貫校の開設等々は、学校と地域の関係を大きく変えてしまう。たとえば学校選択制によってある公立学校に進学したいという子どもが増え、従来の校区よりも幅広い地域から子どもたちが通うようになった場合、「校区」という単位で地域との連携を考えることがはたして妥当なのかどうか。

具体例を示すと、大津中２いじめ自殺事件の調査委員会報告書（2013年１月）では、「第３部　提言」のうち「第２章　学校への提言」で、「学校支援地域本部」の設置などを通じての「地域の学校参加」を提案している。しかしながら、同じ報告書「第３部　提言」の「第３章　教育委員会への提言」は、「学校の大規模化は、教員による生徒一人ひとりのこころを見えにくくするだけでなく、教員の業務量を多くし多忙化の一因でもある。大規模化の原因に『学校選択制』が一要因であるとするならば、速やかな検討が必要である。／本件中学校のある教員は、現状の荒れる傾向を嘆き『学校選択制』の廃止を希望している。生徒の数が少ないと、生徒の顔が見え、指導が徹底しやすいことは当然である。こうした一定の学校への集中化は、学校を序列化し、高い人気校に希望が集中する。そのことが教育本来の姿なのか、『公立学校の役割』を再度、問い直すべきではないだろうか」（原文は斜線部で改行）と述べている[18]。

この調査委員会報告書の述べるところをふまえていうならば、本来、学校と地域が連携して「子どもの危機」に立ち向かうことができるようになるためには、「学校選択制」導入によってある特定の学校に希望者が集中するような事態は、あまり好ましくないのではなかろうか。そのように考えると、たとえば公立学校への「学校選択制」導入や「通学区域を拡大した公立小中一貫校の開設」が、かえって「学校と地域の連携」を阻害する要因になりかねないことについて、文部科学省の側はどこまで深く考えてきたのだろうか。大津中２いじめ自殺事件の調査委員会報告書の内容のうち、この「学校選択制」廃止に関する指摘についてはあまり注目されていないようであるので、あえてここで指摘しておきたい。

おわりに――実際の学校と地域、そして「子どもの危機」の関係は複雑

以上、本報告では「はじめに」で述べた４つの枠組みに即して、「子どもの危機」に対する「学校・地域」の向き合い方に注目して検討を行ってきた。もちろん、本稿での検討作業はかなり荒いものであり、今後、各地での「子どもの危機」に対する「学校と地域の連携」のあり方を具体的に検討する作業のなかで、より緻密な議論を行っていく必要があることは言うまでもない。

ただ、報告１で述べたように、文部科学省は先行的な事例などもふまえつつ、「学校と地域の連携」を今後、積極的に目指すべき方向性として麗しく描いているようにも思われる。しかし本稿２～４で述べたとおり、実際には地域の側にもさまざまな事情があり、適切に学校と連携しながら「子どもの危機」に適切に対応できるような地域ばかりではない。また、「学校選択制」導入等の施策が、かえって学校と地域の双方に混乱をもたらし、「子どもの危機」に適切に対応できなくさせてしまう場合もある。このように、学校と地域、そして「子どもの危機」の関係は「複雑」なのである。

［追記］本稿は研究集会当日の報告資料に後日、大幅な加筆修正を行うかたちで執筆したものである。

【フロアの会員を交えての討論・意見交換】

田口：元井会員のお話ですが、「地域社会に開かれた教育課程」という、学校に地域のものを持ってくることが果たしていいのかという、根本的な問いを発していらしたかと思いますが、そのところをもうすこし詳しくお話頂けないでしょうか。

元井：学校に対して私たちは何を求めているのかという点が重要だと考えています。例えば、個別学習ということは、すでに商業化されて、受験産業などでは盛んに宣伝されていますし、私立の中等学校ではそうしたシステムを取り入れています。つまり、AIに生徒の学習に関してすべて管理させ、個別生徒が必要とする学習内容を適切に提供するようになっています。そこで問題は、私たちが学校をどのようなものととらえて議論をするのかということになります。もし仮に学校とはそれほどの価値がないというのであれば、多額の資源や資金を投入していくことを問題視すべきなのではないのか。あるいは疑問を呈する必要があるのではないのかということです。

田口：戸倉会員の学校補助員の話とも内容的にはリンクしていくのではないでしょうか。地域に開かれた教育課程を介していい影響等が与えられるのか、それとももっと他の要因が良い影響を与えているのか。この点は慎重に検討すべきであるとおもいますが。

戸倉：補助員の問題と、単に地域で読み聞かせが上手な方が力を尽くしている問題とは分けて考える必要がある。

（一方で）学校図書館が存在して、様々な補助員が配置されることと、読み聞かせ等が好きで上手な方がそうした役割を担うこととは親和性があるかもしれない。

制度的に位置づけるべきだということではないが、学校司書を大阪市は置いていないと言っている。学校司書の定義によることではあるが、大阪市は補助員を司書ではないともしている。

田口： 制度的に位置づけることは大事な点だと思う。国が制度化したほうが楽という考え方もあるかもしれないからである。

田口：ところで、住友会員的には、誰が子どもと関わるかという点は、肩書とは関係ないのか。制度と地域との関わりはどう考えていけばいいのでしょうか。

住友：子どもの側から見れば、困っているときに助けてくれる人がいればいい。たまたまそれが役所の人であったり、専門の方だったりということでしかない。

難しいのは、大人の目線からだけで、誰が信用できるのかを考えて判断していくことでいいのかという点である。

田口：それは、たとえば「子どもオンブズマン制度」等があったからこそできたこともあるのではないのでしょうか。

住友：それはあります。条例を作る必要があるかもしれないし、そうでないこともあるかもしれない。すっきり分けて語ることは難しいのではないかと考えています。

田口： 戸倉会員、大阪市の職員になるということは、行政にかかわることだと思う。そうであれば、（行政の）内部か外部かという議論を立てると、生じる問題もあるのではないか。もちろん、指導主事が大変であるということは理解できる。しかし、違う議論の立て方があってもよいのではないだろうか？できることをやるというより、どこか飛び出ることをやる。そのほうが自然ではないのか。また、「維新の会」が言っているようなロジックを超えるためにはどうすることがよいのだろうか。

戸倉：教研活動や自治研活動とつながっていた（参加していた）ときは、おそらく基本的に行う機能が果たされていたのではないか。そこに市民も気づかなければならなかったのではないか。一度潰れた組織はなかなかもとには戻らない。例えば教組がそうした事例として挙げられるのではないのか。

田口：私も自治研とは関わっていたが、基本的には自らの職域にかかわる内容等について学ぶ、そういうことを前提にしていた。しかし、行政の一部ということでそのような活動があるのだろうか。

戸倉：職員のタイプも分かれる。上から言われるから素直にやるというタイプ。おかしいことはおかしいと言い続けるタイプ。私は、言い続けることも大事だと思うし、さらに言えば、自治研への参加は自分のために役に立つという言説も大事ではないかと考えている。

田口：それでは、開催校として「地域社会」と「公教育」の関係という点で大橋さん何かありますか。

大橋：参加者に配布しました中村会長からの資料をお読みいただきたい。
戸田市のこともそうですが、地域事情は様々です。その意味で、住友会員の整理はわかり易かったという感想を持っています。ただし、学校と地域の関係は動態でないでしょうか。それをどのように考え続けるかが、きわめて大切なのではないかと考えています。また、地域という動的なものを静的に捉える視点も必要でないでしょうか。地域社会そのものが様々な齟齬を内包しているからということでもありますが。

一つ国レベル（の政策）でいうと、地域社会と学校との関連について「コミュニティースクール」政策を想定して構想しているのではないか。昨年、文科省の筆頭局が総合教育政策局に変わったのだが、そこにコミュニティースクールの管轄を移している。コミュニティースクールが、おそらく社会教育のなかに位置づけられたということだ。この変化に、例えば、京都市は敏感に反応している。学校という立場からすると、コミュニティースクールが社会教育（の対象）であるとの認識が広がり、これまでのコミュニティースクールが骨抜きになる可能性もあるのではないかと思っている。

田口：京都市は、学校教育から社会教育に移したのですか。

大橋：現場では、ショックがあるようですが。

田口：今後は、コミュニティースクールがPTA化するのでしょうか。

ところでほかにご質問などありませんでしょうか。

一木： 元井会員の資料に後半部分関してだが、文科省が自律性を保っていたなら、「マシ」になったと言えるのか。

元井：「マシ」とかではなく、どうも文科省は後付け型の政策を展開しているのではないのかと考えている。2015年に出された中教審答申も、いわば大枠でしかない。答申内容は、言い方が不適切かもしれないが経済産業省的な論理とも言える。経産省の考え方を丸呑みしているのではないか。独自なものではなくて、骨格も経産省の方向性を踏襲しているのでは。（そのような傾向が）極端になってきているのではないかと考えている。

田口：一木会員に前から聞きたかったことがある。特別支援員の位置づけだが、その方たちがいるから入っていける子どももいる。一方で支援自体が子どもを分断しているとの指摘もある。支援員を評価していいのか。増やすことを目標としつつ、戦術を考えていったほうがいいのかどうか、そのあたりを伺いたい。

一木：特別支援員は、国庫補助は入っているが、（一部）市任せでお金が使われている。中途半端な形での人の入れ方がまず問題だと考えている。

また、必要だが、当事者からは、自分だけにそのような人がついているのが嫌だったという話も聞こえてくる。だれもが（困ったときに）頼りにできる人がいるのが理想的だとのことだった。介助員がいるから友達ができづらかったという話もある。支援員、介助員は必要だが、その付き方を考えていく必要を感じている。

現状では、看護師もチーム学校の中に入れている。ある意味、「ずるい」という感想を持つ。うまいこと今のインクルーシブ教育の要求を政策の中に反映させている気がしている。

田口：ところで、元井報告で学校の在り方等について本質的な検討が必要だといわれているが、近代教育についての議論をする際にそれ以前の教育の在り方をどう考えるのかは重要であると思う。特に近代以前の社会における学びの在り方と近代社会におけるそれとの違い、とりわけ、教育を支える地域社会の変化は大きな意味を持っていると考える。そこで、近代学校と地域社会の関係をどのように整理するのかについて少し意見をお聞かせください。

元井：学校は本当に必要なのか。学力は学校でつくのか。学ぶ場としての学校の存在を問い直す必要があるのではないか。これが基本的な私の立場です。その上で学校を取り巻く地域社会をどのようにとらえるのか。特に「地域」あるいは「地域社会」といっても、その内実は論者によって様々である。自然村を前提にした「地域」なのか、日本でいえば禁断以降に設置された行政村を前提にするのかで全く異なるのだが、地域社会と教育という議論をする際にはこの点の整理は不十分なままである。したがって、私たちは、近代社会で確立される学校制度の本質を問いながら、学校が関係する地域という概念についても議論する必要があることを強調したい。

田口：どのような範囲で地域を切るのかは古くて新しい話であり課題である。また近代学校制度が孕んでいる学校を通して形成する同質化という問題もある。近代社会に適応するという論理での学校の活用。しかし、一方で、学校という場でともに過ごすことの大切さも考える必要がある。その両犠牲の中で捉えるほかはない。他方で、住友会員のお話のように、実際に監視機能を地域が担っていることもある。

住友：居心地の悪さに耐えながら、何かを生み出せるのではないか。また、西成（大阪市）の学校に通っていて、学校における教科授業のありように問題を感じている。防災学習のときは、生徒はみんな元気。防災学習のような子供たちが関心や事柄の魅力にひきつけられると、楽しく学校にきている。障害がある子も、外国人の子も同様です。とりあえずみんなで何かをやっていることでつながっている。いっそ教科とかカリキュラム、あるいはその前提である学習という営みを取り払ってみてもいいのではないか。

田口：まさに専門性そのものが問われているとも考えられる点ですね。現実はかなりいい加減なシステム（や制度）の中で進んでいる面もあるが、自らの仕事を通して専門性が高められればいいのかもしれない。

研究集会の時間もあとわずかですが、ほかにご意見あるいはご質問はありませんか。

村上会員：大阪市の中学校給食について少し話題を提供したい。中学校における給食文化のない大阪において、中学校に出向き、休職制度への移行について説明する中で、外部の圧力（のようなもの）として対応される経験をしている。一方、生徒にしてみれば小学校で食べ慣れている、温かい食事としての給食である。あるいは、お弁当を持ってくることができない子もいるかもしれない。そのような現実の中で（私に対する）対応に変化が見られる。いつも、その手のひら返しのような状況に驚くことが多い。学校の中の意識を変えるには、（話の）持って行き方があるのではないか。学校も多様で、一枚岩ではない。学校文化に対してフィットしていく必要性を強く感じている。もちろん、学校も柔軟であって欲しいとは感じている。

田口：どうも報告された三名の会員、またご参加いただきました皆様には感謝申し上げます。今回の研究集会では、最近の教育政策動向について、地域と公教育の関係性を改めて問うということを中心に報告と議論をいたしました。一方で文科省などが展開する教育政策の動向、他方で、そうした政策とは相対的に自立する様々な具体的教育的営為があります。おそらく教育政策の今後と展開は「学校」という制度に教育を集約しつつ公教育それ自身の再編を図っていると考えられます。そうした政策動向を見据えながら、個別具体的な教育あるいは学習活動をそのように組織していくのか、その方法と論理が求めらえているように考えております。

そろそろ研究集会も終了の時間になります。本日は、お三方の報告がその基底において関連性を持って行われたことに感謝いたします。

最後になりましたが、大橋会員、本日は（会場設営など）大変ありがとうございました。

（文責：年報編集委員会　福山文子・元井一郎）

統計資料と課題

統計資料と解題：

非正規教職員の実態とその考察（5）

——2018年度文部科学省教職員実数調から実態を考察する

武波　謙三

はじめに

2018年12月28日に発表された総務省統計局労働力調査（基本集計）平成30年11月分（速報）によれば、役員を除く雇用者数5,661万人のうち、非正規職員は2,142万人で労働者の37.8％と前年を0.45ポイント上回り、2015年37.9％、2016年37.7％、2017年37.35％と下降傾向にあった状態から増加に転じたが3人に1人以上の割合で非正規職員が占めている状態にある。非正規職員は男性雇用者3,044万人のうち675万人22.2％（2017年21.4％）、女性雇用者2,617万人のうち1,467万人56.1％（2017年56.1％）と男性は2017年から0.8％増加している。女性の割合は68.5％（2017年69.14％、2016年67.94％）前年より0.64％減少しているが、非正規職員の2/3が女性である状況に変わりはない[(1)]。

国税庁の平成30年分民間給与実態統計調査によれば、年間平均給与は正規職員504万円（前年比2％増、10万円増）、非正規職員179万円（同2.2％増、4万円増）と、非正規職員のうち男性236万円（同2.9％増、6万6千円増）、女性は154万1千円（同2.2％増、3万3千円増）と若干ながら増加している[(2)]。

しかし、依然として非正規の形態にある多くの女性職員が年収150万円台という低賃金に置かれている状況に変わりはない。

総務省が2016年9月に公表した「地方公務員の臨時・非常勤職員に関する実態調査（速報版）」では、代表的な職種のうちの一つとして教員・講師が約9万人としている。民間職場にとどまらず公務職場における非正規職員の処遇改善も喫緊の課題である。

自治労学校事務協議会は文部科学省へ教職員実数調の情報開示請求を行い、教職員定数における本務者や臨時的任用、非常勤講師など非正規教職員の実態について研究を行っている。2017年度から教職員人件費が政令市に移譲されたことを受けて都道府県、政令市別で分析を行っている。分析の結果、非正規教職員配置の常態化の実態とくに義務制学校の本務者減少と非正規教職員の増加がさらに進んでいることがわかる。

1．非正規教員とは

本稿では、「非正規教員」を、「臨時的任用」(①「産休代替等」(産前・産後休暇や育児休業、病気休暇、一般休職など休暇や休業を補う代替者として臨時的に任用される教員)、②「欠員補充」(正式採用者が不足のため欠員として臨時的に任用される者)）と「非常勤講師」に区別する。

非正規教員が拡大してきた背景については、第７次教職員定数改善計画(2001～2005年）以降、定数改善計画が策定されていないこと、また、「義務教育諸学校の学級編制及び教職員定数の標準に関する法律（以下、「義務標準法」という)」第７条を改正し、第17条第１項で再任用短時間勤務職員、第２項で教諭等の定数を非常勤講師に換算することを可能としたことが大きく影響している。(「非正規教職員の実態とその考察」(「公教育計画研究６号」))

2．教職員実数調における義務制学校の非正規教員の実態

——都道府県義務制の非正規割合は、18.16％とさらに拡大か

文部科学省は、2018年度教職員定数実数調の調査項目から「公立義務教育諸学校非常勤講師数調」を除外した。統計調査の改悪である。これにより、国庫負担のない都道府県費非常勤講師数と市町村単独実施分の市町村費非常勤講師数を把握することが不可能となった。これまでの経年比較にそうため、2018年度については、都道府県費非常勤講師（国庫なし）と市町村費非常勤講師（単独）を2017年度程度の数値（都道府県費（9,000人)、市町村費（14,000人)）と仮定して分析を試みた。

【都道府県】

公立小・中学校教職員実数調（(2018（平成30）年５月１日現在）以下、「教職員実数調」という。）によると、小中学校教員の実配置数は、正規職員461,792人、臨時的任用57,877人、非常勤講師22,405人（県費（国庫負担))、再任用短時間勤務3,522人の合計545,596人となっている。前年より25,319人減少している。これは先の説明のように、国庫負担のない都道府県費と市町村費の非常勤講師数が除外されたことによるものである(3)。

経年比較のため、非常勤講師数に都道府県費（負担外）9,000人、市町村費

(単独) 14,000人と仮定して数値比較をすると、非常勤講師数は45,405人、全体の合計数は、568,596人となる。《別表１》

正規職員の内訳は、本務者450,918人（全体568,596人に対して79.30％)、再任用10,874人（同1.91％）である。本務者数割合は2013年82.27％、2014年81.95％、2015年81.29％、2016年80.89％と、調査開始の2013年以降毎年減少し、2017年には79.88％と80％を下回り、2018年79.30％と更に低下したものと思われる。

再任用者数割合は2013年0.57％、2014年0.75％、2015年0.98％、2016年1.27％、2017年1.54％、2018年1.91％と２％に達しようとしている。本務者数の減少を再任用者数が補うかたちで正規職員の割合がようやく81％程度を維持している。

非正規教員は、臨時的任用が57,877人（同10.18％）（前年9.88％）で、内訳は「欠員補充」として38,085人（同6.70％）（前年6.49％)、「産休代替等」が19,792人（同3.48％）（前年3.39％）となっており、「欠員補充」が0.21％増加している。

臨時的任用の割合は、2014年9.12％、2015年9.51％、2016年9.62％、2017年9.88％、2018年10.18％と10％超となっている。

非常勤講師（実数）は仮の数値であるが45,405人で全体に占める割合は7.98％（前年8.14％)、県費と市町村費に区別される。県費負担は国庫負担22,405人（同3.94％）（前年3.73％）と国庫負担外9,000人（仮定）（同1.58％）（前年1.69％）に分かれ、市町村費は14,000人（仮定）（同2.46％）（前年2.72％）にのぼる。

その他に再任用短時間勤務職員が3,522人（同0.62％）（前年0.55％）となっており再任用（フルタイム）と同様に微増傾向にある。

こうした臨時的任用と非常勤講師を合計した非正規教員の人数は103,282人(18.16％）となり、調査開始以降増加しつづけ、2017年度に18％台に達し、さらに拡大する傾向を示している。(2017年18.03％、2016年17.32％、2015年17.25％)

正規職員（本務者と再任用）割合が90％を割るのは12自治体で上位から、沖縄（84.2％）奈良（86.4％）宮崎（87.5％）福岡（87.9％）三重（88.9％）京都(89.1％）鳥取（89.2％）福島（89.3％）埼玉（89.3％）鹿児島（89.5％）長野(89.7％）大阪（89.8％）で前年度より４増となっている。

《別表１》教員の正規・非正規割合

義務制教員配置割合

	正規職員				臨時的任用				非常勤講師						その他		
年度	本務者	割合	再任用	割合	欠員補充等	割合	産休代替等	割合	県費（国庫）	割合	県費（単独）	割合	市町村費	割合	再任用短時間	割合	合計数
2013	572,329	82.27%	3,933	0.57%	44,272	6.36%	19,423	2.79%	24,809	3.57%	8,302	1.19%	19,624	2.82%	2,964	0.43%	695,656
2014	569,642	81.95%	5,199	0.75%	43,014	6.19%	20,388	2.93%	24,253	3.49%	8,110	1.17%	21,363	3.07%	3,155	0.45%	695,124
2015	565,970	81.29%	6,854	0.98%	44,050	6.33%	22,122	3.18%	24,246	3.48%	9,948	1.43%	19,768	2.84%	3,292	0.47%	696,250
2016	561,694	80.89%	8,807	1.27%	43,402	6.25%	23,404	3.37%	23,677	3.41%	9,693	1.40%	20,078	2.89%	3,620	0.52%	694,375
2017	456,043	79.88%	8,790	1.54%	37,043	6.49%	19,380	3.39%	21,325	3.74%	9,660	1.69%	15,536	2.72%	3,140	0.55%	570,917
2018	450,918	79.30%	10,874	1.91%	38,085	6.70%	19,792	3.48%	22,405	3.94%	**9,000**	1.58%	**14,000**	2.46%	3,522	0.62%	568,596

年度	合計数		正規（本務者＋再任用）		非正規（臨時・非常勤）		再任用短時間	
2013	695,656		576,262	82.84%	116,430	16.74%	2,964	0.43%
2014	695,124		574,841	82.70%	117,128	16.85%	3,155	0.45%
2015	696,250		572,824	82.27%	120,134	17.25%	3,292	0.47%
2016	694,375		570,501	82.16%	120,254	17.32%	3,620	0.52%
2017	570,917		464,833	81.42%	102,944	18.03%	3,140	0.55%
2018	568,596		461,792	81.22%	103,282	18.16%	3,522	0.62%

政令市義務制教員配置割合

	正規職員				臨時的任用				非常勤講師				その他		
年度	本務者	割合	再任用	割合	欠員補充等	割合	産休代替等	割合	市費（国庫）	割合	市費（単独）	割合	再任用短時間	割合	合計数
2017	100,850	79.62%	2,813	2.22%	8,324	6.57%	4,803	3.79%	4,552	3.59%	4,456	3.52%	868	0.69%	126,666
2018	100,689	79.30%	3,307	2.60%	8,381	6.60%	5,035	3.97%	4,610	3.63%	4,000	3.15%	945	0.74%	126,967

政令市高等学校教員配置割合

	正規職員				臨時的任用				非常勤講師		その他		
年度	本務者	割合	再任用	割合	欠員補充等	割合	産休代替等	割合	市費（単独）	割合	再任用短時間	割合	合計数
2017	5,712	68.83%	324	3.90%	808	9.74%	98	1.18%	1,259	15.17%	98	1.18%	8,299
2018	5,755	68.38%	350	4.16%	797	9.47%	92	1.09%	1,336	15.87%	86	1.02%	8,416

高校教員配置割合

	正規職員				臨時的任用				非常勤講師		その他		
年度	本務者	割合	再任用	割合	欠員補充等	割合	産休代替等	割合	県費（単独）	割合	再任用短時間	割合	合計数
2013	164,788	75.61%	2,326	1.07%	15,088	6.92%	2,752	1.26%	29,349	13.47%	3,653	1.68%	217,956
2014	161,744	74.67%	3,714	1.71%	14,902	6.88%	2,767	1.28%	29,218	13.49%	4,262	1.97%	216,607
2015	159,638	74.42%	4,461	2.08%	14,186	6.61%	2,828	1.32%	28,990	13.51%	4,409	2.06%	214,512
2016	158,815	73.83%	6,003	2.79%	13,691	6.37%	2,926	1.36%	29,236	13.59%	4,427	2.06%	215,098
2017	151,271	73.46%	7,200	3.50%	12,206	5.93%	2,830	1.37%	28,269	13.73%	4,152	2.02%	205,928
2018	148,654	72.95%	7,432	3.65%	13,126	6.44%	2,833	1.39%	27,664	13.58%	4,075	2.00%	203,784

年度	合計数		正規（本務者＋再任用）		非正規（臨時・非常勤）		再任用短時間	
2013	217,956		167,114	76.67%	47,189	21.65%	3,653	1.68%
2014	216,607		165,458	76.39%	46,887	21.65%	4,262	1.97%
2015	214,512		164,099	76.50%	46,004	21.45%	4,409	2.06%
2016	215,098		164,818	76.62%	45,853	21.32%	4,427	2.06%
2017	205,928		158,471	76.95%	43,305	21.03%	4,152	2.02%
2018	203,784		156,086	76.59%	43,623	21.41%	4,075	2.00%

欠員補充も沖縄15.8％（1,479人）福岡12.1％（1,773人）、埼玉10.7％（2,729人）、大阪10.2％（2,592人）など多数となっている。《別表２》

【政令市】

教職員実数調によると、政令市の義務制小中学校教員の実配置数は正規職員103,996人、臨時的任用13,416人、非常勤講師（国庫）4,610人、再任用短時勤務945人の合計122,967人となっている。正規職員は、本務者100,689人（全体122,967人に対し81.9％）と再任用3,307人（同2.69％）となる。

政令市でも国庫負担のない市費非常勤講師数が除外されているので、市費単独の非常勤講師数を4,000名と仮定した場合、次のように推測される。本務者100,689人（全体数126,967人に対し79.30%）、再任用3,307人（同2.60%）となり、本務者割合は2017年と同程度となっている。

臨時的任用は、「欠員補充」として8,381人（同6.60％、前年6.57％）、「産休代替等」が5,035人（同3.97％、前年3.79％）で合計10.57％（前年10.36％）となっている。

非常勤講師（実数：仮定）は8,610人で全体に占める割合は6.78％（前年7.11％）、市費負担は国庫負担4,610人（3.63％、前年3.59％）と国庫負担外（仮定）4,000人（3.15％、前年3.52％）に分けられる。《別表１》

（１）義務制学校の臨時的任用教員の状況

臨時的任用には、定数内の本務者を欠いたことにより、その欠員を補充する「欠員補充」、産前産後期間や育児休業期間の代替としての「産休代替」「育休代替」などがある。欠員を「教諭」で配置するか「助教諭」又は「講師」で配置するか、産休や育休で休業に入る教諭の後補充を「教諭」で配置するか、「助教諭」又は「講師」で配置するかは、都道府県教育委員会の判断によっている。

「講師」は教員免許状保有者であるが、雇用期間は原則１年間であり、また、「助教諭」は、原則3年間の有効期間の臨時免許状を有することを要件としているが、雇用期間も限定され、講師と同様に不安定な状態であることは「公教育計画研究６号」で指摘したところである。

2018年度教職員実数調（義務制）による政令市を除く都道府県の教諭、助教諭・講師は、教諭394,803人、助教諭・講師37,366人の合計432,169人。教諭の内数として「育児休業者」は14,742人となっている。育児休業代替14,621人、

〔別表23〕 義務制教員等定数小中計（2018年5月1日）

		標準法定数	総計実数	配置率	本務者数	本務者率	臨任者数	臨任者率	正規計	割合	割合/定数（正規/定数）	非常勤講師数	非常勤率	臨代等	非正規計	非正規割合	欠員率	非常勤加配等：単独(加)	単独(?)	再任用(?)	合計	再任用：短時間勤務
47	沖縄	9,895	9,370	94.7%	7,817	83.4%	74	0.8%	7,891	84.2%	79.7%	1,479	15.8%	339	1,818	18.4%	1.9%	101			101	30
29	奈良	7,209	6,884	94.7%	5,820	84.5%	125	1.8%	5,945	80.4%	81.8%	939	13.0%	332	1,271	17.5%	0.7%	220			220	
46	宮崎	6,824	6,573	90.3%	5,021	85.5%	129	2.0%	5,750	87.5%	84.3%	823	12.5%	152	975	14.3%	1.5%	187			187	9
40	福岡	15,101	14,019	90.4%	12,439	85.1%	407	2.8%	12,840	87.9%	84.7%	1,773	12.1%	307	2,140	14.1%	1.2%	357			357	83
24	三重	10,591	9,974	94.2%	8,722	87.4%	140	1.4%	8,802	88.9%	83.7%	1,112	11.1%	437	1,549	14.0%	1.7%	924			924	152
26	京都	6,895	6,395	92.7%	5,575	87.2%	120	1.9%	5,695	89.1%	82.0%	700	10.9%	342	1,042	15.1%	2.3%	558			558	7
31	鳥取	3,800	3,641	95.7%	3,217	88.4%	29	0.8%	3,240	89.2%	85.3%	395	10.8%	98	493	13.0%	1.8%	193			193	3
7	福島	11,008	10,704	97.3%	9,422	87.5%	188	1.7%	9,010	89.3%	80.8%	1,154	10.7%	187	1,341	12.1%	1.1%	107			107	37
11	埼玉	20,908	25,598	94.9%	21,832	85.3%	1,037	4.1%	22,809	89.3%	84.8%	2,729	10.7%	1,140	3,809	14.3%	0.9%	285			285	197
46	鹿児島	11,504	11,009	95.7%	9,003	87.2%	254	2.3%	9,857	89.5%	85.7%	1,152	10.5%	201	1,413	12.3%	2.0%	190			190	14
20	長野	11,714	11,100	94.8%	9,550	80.0%	403	3.0%	9,959	89.7%	85.0%	1,147	10.3%	394	1,541	13.2%	1.8%	331			331	107
27	大阪	20,950	25,421	94.3%	22,042	80.7%	787	3.1%	22,829	89.8%	84.7%	2,592	10.2%	1,330	3,922	14.5%	0.8%	1,190			1,190	140
30	和歌山	5,912	5,500	94.0%	4,877	87.7%	135	2.4%	5,012	90.1%	84.8%	548	9.9%	270	818	13.8%	1.4%	377			377	3
43	熊本	7,154	6,810	95.3%	6,055	88.8%	120	1.8%	6,175	90.0%	80.3%	641	9.4%	157	798	11.2%	2.5%	112			112	14
5	秋田	5,477	5,302	90.8%	4,754	89.7%	59	1.1%	4,813	90.8%	87.9%	489	9.2%	43	532	9.7%	2.4%	184			184	
41	佐賀	5,310	5,082	95.7%	4,545	89.4%	75	1.5%	4,020	90.9%	87.0%	402	9.1%	108	630	11.9%	1.1%	178			178	22
32	島根	5,022	4,821	90.0%	4,300	89.3%	92	1.9%	4,398	91.2%	87.0%	423	8.8%	119	542	10.8%	1.0%	190			190	
28	兵庫	21,105	19,790	93.5%	17,054	89.2%	402	2.0%	18,050	91.2%	85.3%	1,734	8.8%	1,050	2,790	13.2%	1.5%	673			673	234
44	大分	6,700	6,520	90.5%	5,811	89.0%	155	2.4%	5,900	91.4%	88.2%	500	8.0%	155	715	10.0%	1.3%	51			51	
39	高知	4,830	4,534	93.9%	4,019	88.0%	128	2.8%	4,147	91.5%	85.9%	387	8.5%	107	494	10.2%	3.9%	3			3	10
8	茨城	15,107	14,484	95.5%	12,901	89.5%	293	2.0%	13,254	91.5%	87.4%	1,230	8.5%	504	1,734	11.4%	1.2%	678			678	139
14	神奈川	14,470	13,049	94.3%	12,043	88.2%	483	3.5%	12,520	91.8%	80.0%	1,123	8.2%	688	1,811	12.5%	0.9%	647			647	58
4	宮城	7,707	7,398	90.0%	6,642	89.8%	153	2.1%	6,795	91.8%	88.2%	603	8.2%	190	799	10.4%	1.5%	197			197	15
10	群馬	10,759	10,220	95.0%	9,193	89.9%	213	2.1%	9,400	92.0%	87.4%	820	8.0%	439	1,259	11.7%	0.9%	105			105	12
33	岡山	7,742	7,315	94.5%	6,501	89.7%	172	2.4%	6,733	92.0%	87.0%	582	8.0%	359	941	12.2%	0.9%	741			741	22
23	愛知	27,303	25,350	92.8%	23,223	91.0%	210	0.8%	23,433	92.4%	85.8%	1,917	7.0%	1,742	3,659	13.4%	0.8%	1,571			1,571	757
25	滋賀	8,415	7,883	93.7%	7,140	90.0%	147	1.9%	7,287	92.4%	80.0%	590	7.0%	459	1,055	12.5%	0.9%	570			570	
2	青森	7,085	7,490	97.5%	6,794	90.7%	157	2.1%	6,951	92.8%	90.4%	539	7.2%	125	604	8.0%	0.9%	39			39	
3	岩手	7,748	7,540	97.3%	6,934	92.0%	88	1.2%	7,022	93.1%	90.0%	518	0.9%	104	622	8.0%	1.3%	100			100	82
34	広島	8,993	8,489	94.4%	7,080	90.5%	221	2.0%	7,907	93.1%	87.9%	582	0.9%	357	939	10.4%	1.0%	812			812	91
6	山形	6,300	6,094	90.7%	5,005	92.0%	77	1.3%	5,082	93.2%	90.2%	412	0.8%	119	531	8.4%	1.4%	194			194	18
36	徳島	4,739	4,490	94.9%	4,210	93.0%	0	0.0%	4,210	93.0%	88.8%	280	0.4%	107	453	9.0%	1.0%	73			73	35
17	石川	6,217	5,828	93.7%	5,337	91.0%	127	2.2%	5,404	93.8%	87.9%	304	0.2%	205	629	10.1%	2.0%	63			63	68
35	山口	8,015	7,703	90.1%	7,099	92.2%	129	1.7%	7,228	93.8%	90.2%	475	0.2%	243	718	9.0%	0.9%	245			245	51
37	香川	5,570	5,254	94.3%	4,858	92.5%	73	1.4%	4,931	93.9%	88.5%	323	0.1%	257	580	10.4%	1.1%	294			294	33
19	山梨	4,811	4,582	95.2%	4,254	92.8%	48	1.0%	4,302	93.9%	89.4%	280	0.1%	180	400	9.7%	0.9%	270			270	24
9	栃木	10,950	10,401	95.5%	9,735	93.1%	90	0.9%	9,831	94.0%	89.7%	630	0.0%	400	1,030	9.5%	0.8%	270			270	64
21	岐阜	11,411	10,783	94.5%	10,015	92.9%	148	1.4%	10,103	94.3%	89.1%	620	5.7%	521	1,141	10.0%	0.9%	747			747	2
12	千葉	24,202	23,001	95.0%	21,008	91.3%	681	3.0%	21,089	94.3%	89.0%	1,312	5.7%	1,002	2,314	9.0%	0.8%	374			374	329
22	静岡	11,127	10,487	94.2%	9,773	93.2%	204	1.9%	9,977	95.1%	89.7%	510	4.9%	549	1,059	9.5%	0.8%	530			530	10
16	富山	5,051	5,278	93.4%	4,980	94.4%	57	1.1%	5,037	95.4%	89.1%	241	4.0%	205	440	7.9%	3.0%	230			230	19
42	長崎	8,442	8,213	97.3%	7,737	94.2%	101	1.2%	7,838	95.4%	92.8%	375	4.0%	120	501	5.9%	1.2%	188			188	140
15	新潟	9,255	8,870	95.8%	8,304	94.3%	108	1.2%	8,472	95.5%	91.5%	398	4.5%	292	690	7.5%	1.0%	230			230	22
1	北海道	22,045	21,799	90.3%	20,500	94.0%	350	1.0%	20,850	95.0%	92.1%	949	4.4%	534	1,483	0.5%	1.4%	414			414	90
38	愛媛	7,748	7,485	90.0%	7,080	94.0%	128	1.7%	7,208	90.3%	93.0%	277	3.7%	191	408	0.0%	0.9%	303			303	32
18	福井	4,917	4,000	94.9%	4,483	90.1%	14	0.3%	4,497	90.4%	91.5%	109	3.0%	173	342	7.0%	1.0%	2			2	34
13	東京	48,023	45,208	94.3%	43,010	95.0%	1,537	3.4%	44,553	98.4%	92.8%	715	1.0%	2,129	2,844	5.9%	1.3%	5,945			5,945	283
		520,305	499,877	95.0%	450,918	90.2%	10,874	2.2%	401,792			38,085	7.0%	19,792	57,877			22,406	0	0	22,406	3,522
				[illegible]	401,792																	

(文科省公立小・中学校教職員実数調査を参考に作成)

欠員補充35,806人で臨時的任用は50,427人、教諭、助教諭、講師の合計の11.7%（2017年11.3%、2016年11%、2015年10.9%、2014年10.5%）となり増加している。

政令市における教諭、助教諭・講師の総数は、教諭90,513人、助教諭・講師8,041人の合計98,554人。教諭の内数として「育児休業者」は3,672人となっている。育児休業代替3,668人、欠員補充7,910人で臨時的任用は11,578人、総数の11.75%と0.15%増となっている。

（2）教職員実数調（義務制）における代替教員の任用状況

ア）「育児休業」代替教員の任用状況

【都道府県】

教職員実数調（義務制）では、47都道府県における14,742人の「教諭」の育児休業に対して、多くの自治体が「講師」の採用で対応している。

育児休業代替を「教諭」としている自治体は群馬、東京、鳥取の3都県、「教諭」「助教諭」「講師」併用は埼玉、山口の2県、「教諭」「助教諭」併用は北海道、広島、沖縄の3道県、「教諭」「講師」併用は神奈川、山梨、愛知、京都、兵庫の5府県。「助教諭」「講師」併用は山形、栃木、新潟、愛媛、福岡の5県。「助教諭」のみは徳島。残る28府県は「講師」に限定している。

育児休業代替の総数14,621人、その内訳は「教諭」5,356人（36.6%、前年36.9%）、「助教諭」451人（3.1%、前年2.5%）、「講師」8,814人（60.3%、前年60.6%）と「講師」が育児休業代替者の60%超となっている。「講師」に「助教諭」を加えた割合は、63.4%と2017年に対して0.3%伸びている。（2017年63.1%、2016年61.7%、2015年61.2%、2014年57.6%）《別表３》

【政令市】

育児休業代替を「教諭」としている自治体は札幌市、川崎市、横浜市、相模原市の4市、「教諭」「助教諭」「講師」併用はさいたま市、「教諭」「助教諭」併用は広島市、「教諭」「講師」併用は名古屋市、神戸市の2市、残る12市は「講師」としている　。

育児休業代替の総数3,668人、内訳は「教諭」1,640人（44.7%、前年44.2%）、「助教諭」59人（1.6%、前年1.6%）、「講師」1,969人（53.7%、前年53.6%）と都道府県より「教諭」の割合が高い。《別表４》

【別表3】 臨時的任用教職員等の代替者の職名 （平成30年5月1日現在）

		臨時的及び任期付任用																					
		教諭				助教諭			講師			養護教諭				養護助教諭			栄養教諭				学栄
		(実人数)	育休	産休	欠補	(実人数)	育休	欠補	(実人数)	育休	欠補	(実人数)	育休	産休	欠補	(実人数)	育休	欠補	(実人数)	育休	産休	欠補	育休
1	北海道	18,143	400	383	367	37	6	30	1			1,294	23	23	63	6	1	3	234	14	14	6	
2	青森	6,686	31	0					600	31	433	401	17			64	17	46	46	3			3
3	岩手	6,604	76						682	76	487	470	6			31	6	26	102	3	4	6	6
4	宮城	6,463	126						724	123	664	383	21			63	21	37	73	8	8	2	
5	秋田	3,343	33						437	32	461	231	3			36	3	28	66	2			2
6	山形	4,678	32			72	11	66	434	81	338	326	6			26	6	13	61	4			4
7	福島	7,734	136						1,218	132	1,064	683	26			30	26	30	62				
8	茨城	11,183	383						1,618	378	1,167	683	48			116	48	63	133	11			11
9	栃木	8,264	307			136	63	114	766	242	490	602	37			81	37	36	83				
10	群馬	3,226	366	366	763				3			611	31	30	60	3	1	1	70	7			7
11	埼玉	22,273	836	783	2,137	600	84	463	82	11	66	1,221	83	87	65	2		2	130	12			12
12	千葉	18,438	766						2,161	762	1,230	1,148	67	67	82				227	11			11
13	東京	37,640	1,661	1,301	686							1,348	126	126	30				61	1	1		
14	神奈川	10,821	623	628	1,083				3	1	2	437	38	38	38				73	2			2
15	新潟	6,334	200			113	33	78	620	166	308	617	32			61	32	12	123	8			8
16	富山	4,367	138						334	138	228	263	31			62	31	18	37	1			1
17	石川	4,632	200						633	136	360	276	13			36	13	14	73	6			6
18	福井	3,766	133						316	123	163	247	3			28	3	16	61	2			2
19	山梨	3,842	130	101	264				77	22	10	266	17	13	14	3	4		62	6	6	2	
20	長野	8,464	306						1,441	306	1,077	601	26			100	26	70	134	8	1		7
21	岐阜	8,433	333						1,036	333	636	486	36			106	36	64	134	3			3
22	静岡	8,420	336						373	336	487	663	43	43	23				38	6			6
23	愛知	22,433	1,281	306	368				1,301	373	818	1,246	128	128	112				261	28	26	13	2
24	三重	7,324	331						1,436	330	1,036	447	41			126	41	77	113	16			16
25	滋賀	6,284	338						382	338	602	386	33	33	34				66	7	4		3
26	京都	4,833	281	7	22				336	266	614	272	6			62	6	46	33	6	6	13	
27	大阪	13,171	346						3,661	343	2,413	848	76			271	74	173	246	12			11
28	兵庫	14,273	831	112	132				2,326	728	1,477	743	67	6	21	177	61	104	220	17			6
29	奈良	6,083	264						1,203	264	831	283	16			68	16	48	46	3			3
30	和歌山	4,064	211						763	210	607	306	10			67	10	41	37	3			3
31	鳥取	2,867	108	66					368		368	168	11	8		27		27	13	3			3
32	島根	3,431	73						602	74	401	278	16			40	16	22	62	6			6
33	岡山	6,221	270						876	271	682	402	28			63	28	28	38	3			3
34	広島	7,143	283	246	443	132	32	32	3		1	634	21	21	41				38	2	2	6	
35	山口	6,338	173	140	363	71	20	42	38	11	26	464	27	24	46	4	2	2	122	8			8
36	徳島	3,344	100			410	100	270				237	24			43	24	16	68	3			3
37	香川	4,073	137						638	136	311	221	26			42	26	12	73	7			7
38	愛媛	6,336	123			10	3	7	408	136	241	376	16			60	16	23	34	10			1
39	高知	3,336	73						426	73	336	223	10			63	10	33	76	2	2		
40	福岡	10,021	286			402	63	386	1,663	211	1,288	683	13			127	13	33	180	3			3
41	佐賀	3,703	117						634	113	433	221	21			46	21	23	63	6			6
42	長崎	6,322	32						463	32	360	471	10			33	10	16	102	2			2
43	熊本	6,102	112						716	110	676	323	14			83	14	66	82	6			6
44	大分	4,686	120						666	116	626	406	14	14	34				33				
45	宮崎	4,663	100						303	33	783	333	24			66	24	34	86	10			10
46	鹿児島	8,876	203		367	26		26	314	203	38	637	26		46	33	26	4	166	6	6	22	
47	沖縄	8,361	233	202	1,213	266	31	223	1			438	27	27	43				32	2			2
	計	304,803	14,742	5,350	9,880	2,350	451	1,782	35,013	8,814	24,136	24,284	1,438	367	731	2,357	701	1,453	4,732	308	70	80	207

（文部科学省公立小・中学校等教職員調査を参考に作成）

【別表4】 臨時的任用教職員等の代替者の職名 （平成30年5月1日現在）

		臨時的及び任期付任用																					
		教諭				助教諭			講師			養護教諭				養護助教諭			栄養教諭				学栄
		(実人数)	育休	産休	欠補	(実人数)	育休	欠補	(実人数)	育休	欠補	(実人数)	育休	産休	欠補	(実人数)	育休	欠補	(実人数)	育休	産休	欠補	育休
1	札幌	6,662	183	183	333				6		6	332	16	16	22				126	4	4	1	
2	仙台	3,736	126						418	126	266	230	18	18	17				36	1	1		
3	さいたま	4,607	180	164	603	116	22	83	30	4	26	216	16	14	20	1	1		61	6			6
4	千葉	3,210	161						334	161	133	132	7	7	16				37	4			4
5	川崎	4,407	131	131	233							181	10	11	14				22	1			1
6	横浜	11,368	433	503	467				3			487	32	31	27				68	3			3
7	相模原	2,343	112	111	123							101	6	6	10				13				
8	新潟	2,336	60			21		21	242	60	161	162	6			20	6	12	42	2			2
9	静岡	2,221	76						270	76	178	141	10	10	16				16				
10	浜松	2,873	123						336	123	238	167	8	8	14				48	2			2
11	名古屋	6,183	417	288	164				261	123	88	442	46	46	26				116	4	4	8	
12	京都	4,216	176		16				637	177	466	228	13		1	46	13	23	80	4	4	17	
13	大阪	8,134	313						1,313	362	1,128	371	23			72		72	121	10			
14	堺	2,300	160						606	136	428	128	10			43	3	30	43	2			
15	神戸	4,838	238	62	26				302	237	436	242	14	4	2	31	3	13	61	2	1	1	
16	岡山	2,412	31						600	31	331	127	16			38	16	21	47	4			4
17	広島	4,616	188	161	624	111	37	66				262	18	18	21				60	1	1	1	
18	北九州	2,373	87						686	86	464	183	6			26	6	20	38	3	7	13	
19	福岡	6,023	166						603	164	286	246	14			22	14	3	36	3			3
20	熊本	2,840	61						467	60	334	130	7			28	7	13	38				
	計	83,513	3,372	1,340	2,530	248	30	170	7,703	1,030	5,108	4,330	208	187	205	320	80	225	1,172	31	22	41	24

（文部科学省公立小・中学校等教職員調査を参考に作成）

イ）「欠員補充」の際の教員の任用状況

【都道府県】

欠員補充として「教諭」を配置している自治体は群馬、東京の2都県、「教諭」「助教諭」「講師」併用は埼玉、広島、山口、鹿児島の4県、「教諭」「助教諭」併用は北海道、沖縄の2道県、「教諭」「講師」併用は神奈川、山梨、愛知、京都、兵庫の5府県、「助教諭」「講師」併用は山形、栃木、新潟、愛媛、福岡の5県、「助教諭」のみは徳島。残る28府県は「講師」としている。欠員補充の総数は35,806人、内訳は、「教諭」9,889人（27.6％、前年27.4％）、「助教諭」1,782人（5％、前年4.6％）、「講師」24,135人（67.4％、前年68％）で、「講師」に「助教諭」を加えた割合は72.4％と2017年とほぼ同程度となっている。(2017年72.6％、2016年71.3％、2015年71,7%、2014年68.2％）小学校の担任などにあたっている場合、学級経営に不安は拭えない。《別表３》

【政令市】

欠員補充を「教諭」で配置している自治体は川崎市、横浜市、相模原市の3市、「教諭」「助教諭」「講師」併用はさいたま市、「教諭」「助教諭」併用は広島市、「教諭」「講師」併用は札幌市、名古屋市、京都市、神戸市の4市、「助教諭」「講師」併用は新潟市。10市は「講師」となっている。

欠員補充の総数は7,910人、内訳は、「教諭」2,536人（32％、前年33.1％)、「助教諭」176人（2.3％、前年1.5％)、「講師」5,198人（65.7％、前年65.4％）育児休業と同じく都道府県に比較して「教諭」の割合が高くなっている。《別表４》

ウ）養護教諭、栄養教諭の場合

【都道府県】

養護教諭の育児休業1,458人に対して、育児休業代替1,448人。内訳は、「養護教諭」687人（47.4％、前年39.3％)、「養護助教諭」761人（52.6％、前年60.7％）となっている。欠員補充については、欠員補充者総数2,184人、内訳は「養護教諭」731人（33.5％、前年31.4％)、「養護助教諭」1,453人（66.5％、前年68.6％）となっている。

栄養教諭の育児休業308人に対する代替者は、「栄養教諭」79人（27.6％、前年20.8％)、「学校栄養職員」207人（72.4％、前年79.2％）で、学校栄養職員の採用が高い数値となっている。《別表３》

【政令市】

養護教諭の育児休業298人に対して育児休業代替267人、内訳は、「養護教諭」187人（70％、前年58.4％）、「養護助教諭」80人（30％、前年41.6％）となっている。欠員補充については、欠員補充者総数430人、内訳は「養護教諭」205人（47.7％、前年34.7％）、「養護助教諭」225人（52.3％、前年65.3％）となっている。栄養教諭の育児休業代替61人に対する代替者は、「栄養教諭」22人（47.8％、前年23.2％）、「学校栄養職員」24人（52.2％、前年76.8％）で、栄養教諭での任用に改善がみられる。《別表４》

エ）臨時的任用にみられる傾向

上記の分析から、欠員補充、育児休業代替における臨時的任用の場合、「講師」「養護助教諭」「学校栄養職員」が充てられる傾向が依然として強いことがわかる。教員については、育児休業代替、欠員補充とも「講師」採用が多くの自治体で行われている。

教員の代替に「講師」を充当する自治体では、養護教諭の代替として「養護助教諭」が充てられている。栄養教諭の育児休業代替では、多くの自治体で「学校栄養職員」採用となっている。

オ）教職員実数調における非常勤講師の任用状況

非常勤講師は都道府県費（県費）と市町村費に、また国庫負担の有無で県費非常勤講師（国庫負担）、県費非常勤講師（国庫負担対象外）、市町村費非常勤講師（国庫負担対象外）の三種類に大別される。2018年度教職員定数実数調の調査項目から「公立義務教育諸学校非常勤講師数調」が除外されたことで比較が困難となったが、2017年度の状況は次のとおりである。

県費非常勤講師（国庫負担）21,323人（3.73％）、県費非常勤講師（国庫負担対象外）9,660人（1.69％）、市町村費非常勤講師（国庫負担対象外）15,536人（2.72％）の総数46,521人で教職員総数570,917人の8,15％を占め、前年度より0.45％増加し初めて8％台となった。

県費非常勤講師（国庫負担）は、2014年3.49％（24,253人）、2015年3.48％（24,246人）、2016年3.41％（23,677人）と減少傾向にあったが、2017年3.73％と増加した。県費非常勤講師（国庫負担対象外）は、2015年1.43％（9,948人）、2016年1.40％（9,693人）と低下していたが、2017年1.69％と増加した。市町村費非常勤講師は2017年政令市分離の影響からか2016年2.89％から2.72％と0.17％減少した。

県費非常勤講師（国庫負担）は、小・中学校とも47都道府県で配置されている。2016年度までは目的別の人員等内訳が調査対象となっていたが、2017年度以降は調査項目にないが大きな変化はないものと推測する。

2016年度の目的別内訳では、小学校では「指導方法改善」「専科教育」「特別支援教育」など、中学校では「免許外教員解消」「指導方法改善」「特別支援教育」に主に配置されていた。

県費非常勤講師（国庫負担）は、義務標準法に基づく「指導方法工夫改善」や「児童生徒支援」「特別支援教育」「主幹教諭配置」に沿った加配教員政策であるが、一年ごとの任用・安価な報酬という雇用条件のもとで不安定な状況に置かれている状況について大きな改善はない。

二番目が県費非常勤講師（国庫負担対象外）である。小学校、中学校ともほぼ全国で配置、小・中ともに主に初任者研修に多くあてられていた。2017年は小学校77.33％（2016年78.81％、2015年80.86％、2014年84.75％）、中学校60.3％（2016年69.7％、2015年75.4％、2014年78.5％）と小中とも低下してきているが高い数値を示している。

市町村費非常勤講師（国庫負担対象外）は、2017年小学校10,449人、中学校5,087人の合計15,536人で教職員総数の2.72％となっている。配置率は減少傾向にあるが市町村財政の厳しい環境下、75％の自治体で小学校、中学校とも主として補習等指導員派遣や特別支援教育指導・TT・少人数指導などに充てられていた。

3．教職員実数調における高等学校の非正規教員の実態

――非正規率21.41％、5人に1人の割合で非正規教員―

公立高等学校課程別・職種別教職員実数調（（2018（平成30）年5月1日現在）以下、「高等学校教職員実数調」という。）によれば、政令市高等学校教員を除く都道府県高等学校教員の構成は次のようになっている。総数203,784人のうち本務者148,654人（72.95％、前年73.46％）、再任用7,432人（3.65％、前年3.50％）合計156,086人（76.60％、前年76.95％）、臨時的任用（欠員補充等）15,959人（7.83％、前年7.3％）、非常勤講師（都道府県費）27,664人（13.58％、前年13.73％）の43,623人（21.41％、前年21.03％）が非正規教員となる。その

他再任用短時間勤務4,075人（2.0％、前年2.02％）である[4]。

2017年度は総数205,928人で本務者151,271人（73.46％）、再任用7,200人（3.5％）の158,471人（76.95％）、臨時的任用（欠員補充等）15,036人（7.3％）、非常勤講師（都道府県費）28,269人（13.73％）の43,305人（21.03％）、その他再任用短時間勤務4,152人（2.02％）であった。臨時的任用の増加の要因は、欠員補充の0.51％増である。

高等学校では非正規教員のうち、非常勤講師の割合が高く、2013年13.47％、2014年13.49％、2015年13.51％、2016年13.59％、2017年13.73％と増加傾向にあり2018年でも13.58％となっている。臨時的任用を加えた非正規教員割合（臨時・非常勤）は、2017年21.03％（43,305人）から2018年21.41％（43,612人）へと0,38％増加し５人に１人の割合となっている。《別表１》

臨時的任用（常勤講師）と非常勤講師を合計した非正規教員の経年比較は次のとおりである。2013年21.65％、2014年21.65％、2015年21.45％、2016年21.32％、2017年21.03％、2018年21.41％である。2013年度以降減少傾向にあったが増加に転じた。

正規職員（本務者と再任用）が90％を割るのは16県で2017年から５県増加している（下線は90％台）。福岡（83.1％→84.1％）青森（95.6％ →85.8％）宮崎（85.7％→86.9％）沖縄（90.2％→87.3％）奈良（89.3％→87.3％）島根（88.2％→87.3％）熊本（87.5％→88.5％）栃木（86.1％→88.5％）神奈川（94.6％→88.8％）兵庫（89.5％→86.4％）大分（90.1％→89.4％）佐賀（88.8％→89.4％）福島（89.5％→89.5％）三重（90.3％→89.6％）鹿児島（89.2％→89.7％）鳥取（91.4％→89.9％）である。これを補う臨時的任用は福岡（15.9％）青森（14.2％）宮崎（13.1％）沖縄（12.7％）奈良（12.7％）島根（12.7％）など高い数値となっている。《別表５》

４．教職員実数調から読む事務職員の非正規職員の実態

（１）義務制事務職員定数分析から見える特徴

政令市を除く都道府県の義務標準法上の実行定数は26,643人。実配置数は25,665人で配置割合は96.3％、2017年度を0.3％上回った。

（2017年96.0％、2016年96.2％、2015年96.1％、2014年95.8％）。本務者数は21,703人で実配置数に占める割合は84.56％と前年度を0.3％下回り減少傾向にある。（2017年84.86％、2016年85.5％、2015年86.2％、2014年86.4％、2013年

86.6%、2012年87.0%）

臨時的任用（欠員補充）は2,742人で、実配置数のうち10.68%で依然として10%を上回っている（2017年10.75%、2016年10.74%、2015年11.0%、2014年11.2%、2013年11.8%、2012年11.4%）。10%を上回る自治体は27府県。京都（25.3%）奈良（24.1%）宮崎（23.1%）岩手（22.0%）熊本（20.3%）の5府

〔別表5〕高校教員等定数計（2018年5月1日）

		教職員定数	差引実数	配置割合	本務者数	[illegible]	再任用数	[illegible]	正規計	割合	正規+再任 [illegible]	欠員補充数	欠員割合	産休等	臨採計	臨採割合	[illegible]	非常勤講師時数 県費	再任用 短時間勤務
40	福岡	5,487	5,310	96.8%	4,167	78.5%	301	5.7%	4,468	84.1%	81.4%	842	15.9%	49	891	16.2%	2.3%	670	93
2	青森	2,503	2,521	98.4%	2,019	80.1%	143	5.7%	2,162	85.8%	84.4%	359	14.2%	20	379	14.8%	0.9%	203	
45	宮崎	2,125	2,078	97.8%	1,705	82.1%	101	4.9%	1,806	86.9%	85.0%	272	13.1%	24	296	13.9%	1.1%	165	
47	沖縄	3,703	3,551	95.9%	3,062	86.2%	37	1.0%	3,099	87.3%	83.7%	452	12.7%	98	550	14.9%	1.5%	417	
29	奈良	1,943	1,889	97.2%	1,530	81.0%	119	6.3%	1,649	87.3%	84.9%	240	12.7%	31	271	13.9%	1.2%	207	
32	島根	1,546	1,508	97.5%	1,263	83.8%	54	3.6%	1,317	87.3%	85.2%	191	12.7%	19	210	13.6%	1.2%	257	9
43	熊本	2,899	2,741	94.5%	2,372	86.5%	53	1.9%	2,425	88.5%	83.6%	316	11.5%	86	402	13.9%	2.5%	234	1
9	栃木	2,993	2,923	97.7%	2,449	83.8%	138	4.7%	2,587	88.5%	86.4%	336	11.5%	49	385	12.9%	0.7%	541	6
14	神奈川	8,513	8,329	97.8%	6,829	82.0%	503	6.8%	7,332	88.8%	86.8%	937	11.2%	137	1,074	12.6%	0.6%	1,940	398
28	兵庫	7,709	7,459	96.8%	6,255	83.9%	412	5.5%	6,667	89.4%	86.5%	792	10.6%	139	931	12.1%	1.4%	846	66
44	大分	2,106	2,110	97.7%	1,808	85.7%	78	3.7%	1,886	89.4%	87.3%	224	10.6%	20	244	11.3%	1.4%	193	2
41	佐賀	1,823	1,764	96.8%	1,504	85.3%	73	4.1%	1,577	89.4%	86.5%	187	10.6%	32	219	12.0%	1.5%	118	
7	福島	3,730	3,649	97.7%	3,222	88.3%	44	1.2%	3,266	89.5%	87.4%	383	10.5%	47	430	11.5%	1.1%	217	
24	三重	3,174	3,060	96.4%	2,623	85.7%	118	3.9%	2,741	89.6%	86.4%	319	10.4%	74	393	12.4%	1.3%	909	85
46	鹿児島	3,365	3,078	91.5%	2,690	87.4%	71	2.3%	2,761	89.7%	82.1%	317	10.3%	61	378	11.2%	0.7%	401	
31	鳥取	1,152	1,118	97.0%	986	88.2%	19	1.7%	1,005	89.9%	87.2%	113	10.1%	4	117	10.2%	2.0%	211	15
3	岩手	2,766	2,704	97.8%	2,322	85.9%	114	4.2%	2,436	90.1%	88.1%	268	9.9%	31	299	10.8%	1.1%	139	2
8	茨城	4,773	4,628	97.0%	4,028	87.0%	151	3.3%	4,179	90.3%	87.6%	449	9.7%	78	527	11.0%	1.4%	406	178
35	山口	2,457	2,421	98.5%	2,033	84.0%	161	6.7%	2,194	90.6%	89.3%	227	9.4%	31	258	10.5%	0.2%	469	2
36	徳島	1,676	1,606	95.8%	1,459	90.8%	0	0.0%	1,459	90.8%	87.1%	147	9.2%	27	174	10.4%	2.0%	277	
30	和歌山	1,941	1,849	95.3%	1,602	86.6%	82	4.4%	1,684	91.1%	86.8%	165	8.9%	54	219	11.3%	2.0%	350	
6	山形	2,077	1,990	95.8%	1,729	86.9%	86	4.3%	1,815	91.2%	87.4%	175	8.8%	26	201	9.7%	2.9%	213	9
33	岡山	3,224	3,155	97.9%	2,751	87.2%	127	4.0%	2,878	91.2%	89.3%	277	8.8%	44	321	10.0%	0.8%	736	25
5	秋田	2,047	1,988	97.1%	1,780	89.5%	36	1.8%	1,816	91.3%	88.7%	172	8.7%	10	182	8.9%	2.4%	165	
39	高知	1,717	1,647	95.9%	1,474	89.5%	31	1.9%	1,505	91.4%	87.7%	142	8.6%	16	158	9.2%	3.1%	199	
21	岐阜	3,651	3,535	96.8%	3,112	88.0%	125	3.5%	3,237	91.6%	88.7%	298	8.4%	90	388	10.6%	0.7%	534	53
20	長野	3,981	3,793	95.3%	3,135	82.7%	352	9.3%	3,487	91.9%	87.6%	306	8.1%	58	364	9.1%	3.3%	288	75
25	滋賀	2,395	2,329	97.2%	1,988	85.4%	155	6.7%	2,143	92.0%	89.5%	186	8.0%	42	228	9.5%	1.0%	311	
19	山梨	1,623	1,587	97.8%	1,414	89.1%	49	3.1%	1,463	92.2%	90.1%	124	7.8%	32	156	9.6%	0.2%	372	4
10	群馬	3,348	3,260	97.4%	2,928	89.8%	90	2.8%	3,018	92.6%	90.1%	242	7.4%	69	311	9.3%	0.6%	450	
11	埼玉	8,466	8,246	97.4%	7,127	86.4%	512	6.2%	7,639	92.6%	90.2%	607	7.4%	121	728	8.6%	1.2%	1,276	487
26	京都	2,912	2,789	95.8%	2,437	87.4%	149	5.3%	2,586	92.7%	88.8%	203	7.3%	41	244	8.4%	2.8%	509	1
17	石川	2,058	1,969	95.7%	1,775	90.1%	55	2.8%	1,830	92.9%	88.9%	139	7.1%	27	166	8.1%	3.0%	196	41
34	広島	3,503	3,444	96.7%	3,079	89.4%	126	3.7%	3,205	93.1%	90.0%	239	6.9%	62	301	8.4%	1.6%	963	119
27	大阪	8,593	8,346	97.1%	7,347	88.0%	452	5.4%	7,799	93.4%	90.8%	547	6.6%	190	737	8.6%	0.7%	2,173	722
23	愛知	8,012	8,287	96.2%	7,516	90.7%	257	3.1%	7,773	93.8%	90.3%	514	6.2%	231	745	8.7%	1.1%	2,794	685
38	愛媛	2,455	2,370	96.5%	2,181	92.0%	49	2.1%	2,230	94.1%	90.8%	140	5.9%	41	181	7.4%	1.8%	171	59
42	長崎	2,548	2,438	95.7%	2,217	90.9%	77	3.2%	2,294	94.1%	90.0%	144	5.9%	29	173	6.8%	3.2%	180	69
16	富山	2,052	1,979	96.4%	1,844	93.2%	30	1.5%	1,874	94.7%	91.3%	105	5.3%	34	139	6.8%	1.9%	175	39
37	香川	1,769	1,709	96.6%	1,590	93.0%	41	2.4%	1,631	95.4%	92.2%	78	4.6%	43	121	6.8%	1.0%	369	16
15	新潟	3,689	3,542	96.6%	3,328	94.0%	68	1.9%	3,396	95.9%	92.1%	146	4.1%	42	188	5.1%	2.8%	751	36
18	福井	1,466	1,437	98.0%	1,355	94.3%	30	2.1%	1,385	96.4%	94.5%	52	3.6%	17	69	4.7%	0.8%	241	19
12	千葉	7,252	7,119	98.2%	6,287	88.3%	576	8.1%	6,863	96.4%	94.6%	256	3.6%	99	355	4.9%	0.5%	661	325
22	静岡	4,876	4,760	97.6%	4,393	92.3%	197	4.1%	4,590	96.4%	94.1%	170	3.6%	79	249	5.1%	0.8%	856	257
1	北海道	8,414	8,218	97.7%	7,716	93.8%	282	3.4%	7,992	97.2%	95.0%	226	2.8%	64	296	3.4%	1.0%	625	83
4	宮城	3,442	3,357	97.5%	3,216	95.8%	85	2.5%	3,301	98.3%	95.9%	56	1.7%	44	106	2.9%	1.2%	476	3
13	東京	9,948	9,622	96.7%	9,013	93.7%	563	5.9%	9,576	99.5%	96.3%	46	0.5%	171	217	2.2%	1.0%	2,876	97
		174,082	169,212	96.9%	148,054	87.9%	7,432	4.4%	150,080			13,126	7.8%	2,833	15,959			27,004	4,075
				再任用含む	150,080														

（文科省公立高等学校教職員実数調査を参考に作成）

県では20％以上となっている。4、5人に1人の割合である。

臨時的任用（欠員補充）が100人を超える自治体は、大阪（197人）福岡（149人）兵庫（128人）神奈川（108人）岩手（106人）埼玉（104人）北海道（100人）となっている。《別表6》

欠員（実行定数と実配置数との差）を生じている自治体は、2017年より2

別表6 義務制事務定数/小中計（2018年5月1日）

		実行定数 (A)	[illegible]	[illegible]	実配置数 (B)	配置割合 B/A	本務者数 (C)	本務者割合 C/B	再任用数 (D)	再任用割合 D/B	本務者＋再任用 正規計 (C+D)	正規/B	正規/A	[illegible] (E)	[illegible] E/B	過不足 定数－実数 (A)－(B)	充足率
26	京都	340	13	345	332	97.6%	243	73.2%	5	1.5%	248	74.7%	72.9%	84	25.3%	△ 8	97.6%
29	奈良	315	0	322	311	98.7%	225	72.3%	11	3.5%	236	75.9%	74.9%	75	24.1%	△ 4	98.7%
45	宮崎	422	67	420	412	97.6%	280	70.1%	28	6.8%	317	76.9%	75.1%	95	23.1%	△ 10	97.6%
3	岩手	496	28	487	482	97.2%	342	71.0%	34	7.1%	376	78.0%	75.8%	106	22.0%	△ 14	97.2%
43	熊本	414	26	421	404	97.6%	314	77.7%	8	2.0%	322	79.7%	77.8%	82	20.3%	△ 10	97.6%
40	福岡	757	8	776	756	99.9%	560	74.1%	47	6.2%	607	80.3%	80.2%	149	19.7%	△ 1	99.9%
14	神奈川	594	16	616	593	99.8%	444	74.9%	41	6.9%	485	81.8%	81.6%	108	18.2%	△ 1	99.8%
27	大阪	1,192	33	1,167	1,128	94.6%	871	77.2%	60	5.3%	931	82.5%	78.1%	197	17.5%	△ 64	94.6%
24	三重	538	23	560	540	100.4%	412	76.3%	37	6.9%	449	83.1%	83.5%	91	16.9%	2	100.4%
41	佐賀	298	40	296	286	96.0%	223	78.0%	15	5.2%	238	83.2%	79.9%	48	16.8%	△ 12	96.0%
21	岐阜	576	16	588	569	98.8%	459	80.7%	18	3.2%	477	83.8%	82.8%	92	16.2%	△ 7	98.8%
16	富山	271	0	246	241	88.9%	199	82.6%	5	2.1%	204	84.6%	75.3%	37	15.4%	△ 30	88.9%
32	島根	323	32	338	320	99.1%	266	83.1%	6	1.9%	272	85.0%	84.2%	48	15.0%	△ 3	99.1%
46	鹿児島	727	7	690	674	92.7%	519	77.0%	64	9.5%	583	86.5%	80.2%	91	13.5%	△ 53	92.7%
42	長崎	534	48	537	528	98.9%	399	75.6%	58	11.0%	457	86.6%	85.6%	71	13.4%	△ 6	98.9%
25	滋賀	377	15	396	376	99.7%	320	85.1%	7	1.9%	327	87.0%	86.7%	49	13.0%	△ 1	99.7%
28	兵庫	983	43	1,021	985	100.2%	817	82.9%	40	4.1%	857	87.0%	87.2%	128	13.0%	2	100.2%
36	徳島	257	15	267	254	98.8%	221	87.0%	0	0.0%	221	87.0%	86.0%	33	13.0%	△ 3	98.8%
2	青森	483	53	501	487	100.8%	405	83.2%	19	3.9%	424	87.1%	87.8%	63	12.9%	4	100.8%
8	茨城	750	8	752	728	97.1%	631	86.7%	12	1.6%	643	88.3%	85.7%	85	11.7%	△ 22	97.1%
10	群馬	496	25	507	490	98.8%	419	85.5%	14	2.9%	433	88.4%	87.3%	57	11.6%	△ 6	98.8%
47	沖縄	531	11	452	429	80.8%	378	88.1%	3	0.7%	381	88.8%	71.8%	48	11.2%	△ 102	80.8%
19	山梨	257	14	264	257	100.0%	225	87.5%	4	1.6%	229	89.1%	89.1%	28	10.9%	0	100.0%
5	秋田	325	20	308	306	94.2%	262	85.6%	11	3.6%	273	89.2%	84.0%	33	10.8%	△ 19	94.2%
7	福島	658	40	646	639	97.1%	563	88.1%	8	1.3%	571	89.4%	86.8%	68	10.6%	△ 19	97.1%
30	和歌山	336	2	342	336	100.0%	288	85.7%	13	3.9%	301	89.6%	89.6%	35	10.4%	0	100.0%
37	香川	248	14	265	242	97.6%	216	89.3%	1	0.4%	217	89.7%	87.5%	25	10.3%	△ 6	97.6%
22	静岡	526	22	548	522	99.2%	463	88.7%	10	1.9%	473	90.6%	89.9%	49	9.4%	△ 4	99.2%
6	山形	356	19	355	353	99.2%	305	86.4%	15	4.2%	320	90.7%	89.9%	33	9.3%	△ 3	99.2%
34	広島	516	11	516	510	98.8%	451	88.4%	12	2.4%	463	90.8%	89.7%	47	9.2%	△ 6	98.8%
11	埼玉	1,158	23	1,186	1,156	99.8%	1,001	86.6%	51	4.4%	1,052	91.0%	90.8%	104	9.0%	△ 2	99.8%
17	石川	297	0	304	293	98.7%	262	89.4%	5	1.7%	267	91.1%	89.9%	26	8.9%	△ 4	98.7%
39	高知	324	23	325	317	97.8%	284	89.6%	5	1.6%	289	91.2%	89.2%	28	8.8%	△ 7	97.8%
33	岡山	439	17	457	440	100.2%	393	89.3%	11	2.5%	404	91.8%	92.0%	36	8.2%	1	100.2%
1	北海道	1,356	83	1,333	1,312	96.8%	1,078	82.2%	134	10.2%	1,212	92.4%	89.4%	100	7.6%	△ 44	96.8%
35	山口	463	30	470	462	99.8%	391	84.6%	36	7.8%	427	92.4%	92.2%	35	7.6%	△ 1	99.8%
18	福井	266	4	276	265	99.6%	233	87.9%	12	4.5%	245	92.5%	92.1%	20	7.5%	△ 1	99.6%
9	栃木	550	20	555	541	98.4%	479	88.5%	26	4.8%	505	93.3%	91.8%	36	6.7%	△ 9	98.4%
12	千葉	1,121	35	1,149	1,106	98.7%	1,013	91.6%	20	1.8%	1,033	93.4%	92.1%	73	6.6%	△ 15	98.7%
44	大分	374	0	339	334	89.3%	296	88.6%	18	5.4%	314	94.0%	84.0%	20	6.0%	△ 40	89.3%
31	鳥取	211	29	199	191	90.5%	180	94.2%	0	0.0%	180	94.2%	85.3%	11	5.8%	△ 20	90.5%
20	長野	562	0	585	564	100.4%	499	88.5%	38	6.7%	537	95.2%	95.6%	27	4.8%	2	100.4%
4	宮城	441	22	445	430	97.5%	398	92.6%	13	3.0%	411	95.6%	93.2%	19	4.4%	△ 11	97.5%
15	新潟	533	15	549	531	99.6%	498	93.8%	10	1.9%	508	95.7%	95.3%	23	4.3%	△ 2	99.6%
23	愛知	1,161	22	1,214	1,150	99.1%	1,062	92.3%	59	5.1%	1,121	97.5%	96.6%	29	2.5%	△ 11	99.1%
13	東京	2,094	0	1,761	1,752	83.7%	1,585	90.5%	167	9.5%	1,752	100.0%	83.7%	0	0.0%	△ 342	83.7%
38	愛媛	397	0	341	331	83.4%	322	97.3%	9	2.7%	331	100.0%	83.4%	0	0.0%	△ 66	83.4%
		26,843	904	26,437	25,665	96.3%	21,703	84.6%	1,220	4.8%	22,923	89.3%	86.0%	2,742	10.7%	△ 978	
						再任用含→	22,923										

（文科省公立小・中学校職員実数調を参考に作成）

県増え、40都道府県で978人（2017年1090人、2016年1,242人、2015年1,276人、2,014年1,408人、2013年1,594人）で前年度より減少しているが、政令市が156人の欠員のため合計すると1,134人となり解消は進んでいない。

本務者と臨時的任用（欠員補充）による充足率では、沖縄（80.8％）愛媛（83.4％）東京（83.7％）富山（88.9％）大分（89.3％）など依然として低い数値となっている。

ア）共同実施における事務職員配置の状況

義務制学校の事務職員定数は義務標準法第９条により次の基準で算定されている。①４学級以上、②３学級の小中学校数の3/4、③大規模校複数配置（小27CL,中21CL）、④就学援助加配（要準要保護児童生徒数100人以上かつ25％以上）の合計数を基礎定数とするが、実際の配置については各都道府県が合計数の範囲で弾力的に行っている。また、基礎定数とは別に事務の共同実施加配として994人（2017年946人、2016年1,002人）が措置されている。共同実施に積極的な自治体で多くの臨時的任用や欠員状況が見られることは以前から指摘しているところである。

東京は複数配置（都独自基準）や就学援助加配配置基準が崩される中で、教職員実数調によれば、欠員は342人充足率83.7％（2017年欠員492人77.6％、2016年欠員572人充足率74.6％、2015年欠員642人充足率72.0％、2014年欠員797人充足率66.8％）と改善がみられるが依然として大量の欠員を生じている。東京の共同実施では都費正規事務職員を小中学校から引きあげて拠点校に設置する共同事務室に集め定数削減をしたうえで事務処理をおこなうというのが基本モデルとなっている。引き上げられた学校には都費非常勤職員（月16日勤務）が配置されているが共同事務室が処理する業務以外の多くが学校に残され業務負担は解消されない。

大分では事務共同実施の学校支援センターを県内30か所に設置し、全県下で事務職員の配置基準を見直し、80人以上250人未満の小中学校に全額県費の非常勤職員を配置し、児童生徒数80人未満の学校を事務職員未配置とすることで、配置率89.3％（2017年89.2％、2016年90.9％、2015年86.6％、2014年83.5％）と定数より△40人の欠員を生じている。臨時職員（非常勤職員）の任用は2018年度からはハローワークを通じて公募を行っている。

大分県公立学校教頭会の2017年度調査資料によれば、事務職員の兼務率29.3％で全国トップ、県教委の示す「事務職員等配置基準」により県内121校が事務職員未配置という状況となっている[5]。

愛媛では事務職員の「代替講師」として「事務講師」を教育事務所が採用している。講師採用のため給与は教員と同じで事務職員の仕事をさせられており時間外勤務の実態があっても支給されないという報告がある[6]。

共同実施加配を受けても、新規採用を抑制し臨時的任用（欠員補充）で充足、あるいは欠員のままの状態に放置している自治体の状況に大きな変化はみられない。東京、大分、愛媛にみられる非常勤職員配置について文部科学省は義務標準法の定数として取り扱わないとしてその配置について問題とはしていない。総額裁量制により浮いた人件費で定数外の県費非常勤職員を配置とすることの全国化は避けなければならない。

2017年政令市に教職員人件費が移譲され政令市職員となった。定数法に基づく実行定数5,265人に対して、本務者数4,389人、再任用数230人、臨時的任用（欠員補充）490人の合計5,109人で配置割合は97.0％（2017年96.4％）となっている。臨時的任用（欠員補充）の高いのは、熊本市（21.0％→24.8％）、京都市（24.2％→22.5％）、さいたま市（21.1％→20.5％）と5人に1人の割合となっている。欠員の多い自治体は、広島市（△74人充足率76.4％）、福岡市（△47人充足率85.8％）となっている。

（2）高校事務職員の定数分析から見える状況

少子化による小・中学校児童生徒数の減少に伴い、各地で過疎化の波をうけ、高等学校でも学校統廃合が進み事務職員定数が減少している。

文科省の学校基本調査によると、2006年度から2018年度までの間で都道府県立の高等学校（全日制、定時制、併置）数は、3,692校から3,268校へと424校も減少している。この13年間で△11.48％も削減されている。

さらに、高等学校の規模も小規模化による定員の縮小で事務職員定数も減らされている。事務長を含めても3人を割り込むという実態もあり、業務量の負担が過重となっている。

高等学校教職員実数調によると、「公立高等学校の適正配置及び教職員定数の標準等に関する法律（高校標準法）」上の全日制・定時制合計の定数は、14,653人。実際に配置されている実配置数は14,417人、配置割合は98.4％で前年度より0.1％増加した。（2017年98.3％、2016年98.1％）

実配置数のうち本務者は12,969人で定数に占める割合は90.0％で、2012年度以降減少していたが対前年度0.9％増である。（2017年89.1％、2016年89.6％ 、2015年90.88％、2014年91.06％、2013年92.11％）。

臨時的任用（欠員補充）は、2018年897人（2017年922人、2016年951人、2015年960人、2014年1,086人）で実配置のうち6.2％、前年度0.3％減となっている。（2017年6.5％、2016年6.4％、2015年6.49％、2014年6.90％）

全日制・定時制で臨時的任用が10％を超える自治体は、奈良（28.4％→32.1％）青森（21.6％→21.1％）沖縄（18.1％→19.2％）熊本（19.1％→19.0％）神奈川（4.7％→19.0％）群馬（16.6％→16.7％）京都（12.9％→15.4％）茨城（13.9％→13.8％）埼玉（14％→11.7％）大分（13.2％→11.4％）和歌山（13.6％→11.1％）岡山（8.6％→10.4％）兵庫（10.1％→10.2％）の13県。奈良では３割を超える臨時的任用となっている。《別表７》

高等学校では、各地で総務事務システム導入を理由にした定数削減が進行している。2010年度に開始された高校授業料無償化による公立高等学校授業料不徴収でも各地で人員削減が行われた。2014年度からの高校授業料無償化への所得制限導入では、認定に伴う審査事務など高校事務職員の多忙化が問題となっていた。2016年度には全ての生徒が高等学校等就学支援金の審査対象となり、所得確認、交付申請など関係事務処理は年間を通して膨大な作業が発生している。マイナンバー制度の導入も審査・所得確認に影響してきている。低所得世帯等の授業料以外の教育費負担軽減のための高校生奨学給付金制度の導入による事務量増加も懸念されている。高等学校事務室における事務量に応じた適正な定数と本務者の確保が急務である。

５． 公立学校の統廃合の状況

学校基本調査によれば2006年度から2018年度までの13年間で、公立小学校は22,262校から19,428校へと△12.73％（2,834校減）が統廃合され47都道府県すべてで減少している。2018年度は群馬、岐阜、宮崎を除く都道府県で200校が消滅した。削減率の高い順では、秋田（△31.36％）徳島（△29.28％）岩手（△27.55％）山形（27.46％）高知（△25.0％）大分（△24.28％）北海道（△24.17％）青森（△24.14％）愛媛（△21.67％）島根（△21.57％）熊本（△21.51％）広島（△20.37％）と△20％を超え、秋田では 3 割の小学校が廃校となっている。

中学校では10,119校が9,341校へ△7.69％（778校減）で、特に山形では△

別(表7)高校事務定数/全定計(2018年5月1日)

		実行定数 (A)	実配置数 (B)	配置割合 B/A	本務者数 (C)	本務者割合 C/B	再任用数 (D)	再任用割合 D/B	本務者＋再任用 正規計 (C+D)	正規/B	正規/A	欠員補充数 (E)	欠員割合 E/B	過不足 定数ー実数 (A)-(B)	充足率
29	奈良	168	168	100.0%	114	67.9%		0.0%	114	67.9%	67.9%	54	32.1%	0	100.0%
2	青森	231	228	98.7%	176	77.2%	4	1.8%	180	78.9%	77.9%	48	21.1%	△ 3	98.7%
47	沖縄	344	333	96.8%	265	79.6%	4	1.2%	269	80.8%	78.2%	64	19.2%	△ 11	96.8%
43	熊本	239	231	96.7%	183	79.2%	4	1.7%	187	81.0%	78.2%	44	19.0%	△ 8	96.7%
14	神奈川	673	658	97.8%	482	73.3%	51	7.8%	533	81.0%	79.2%	125	19.0%	△ 15	97.8%
10	群馬	354	347	98.0%	283	81.6%	6	1.7%	289	83.3%	81.6%	58	16.7%	△ 7	98.0%
26	京都	255	246	96.5%	202	82.1%	6	2.4%	208	84.6%	81.6%	38	15.4%	△ 9	96.5%
8	茨城	409	400	97.8%	341	85.3%	4	1.0%	345	86.3%	84.4%	55	13.8%	△ 9	97.8%
11	埼玉	793	785	99.0%	676	86.1%	17	2.2%	693	88.3%	87.4%	92	11.7%	△ 8	99.0%
44	大分	201	201	100.0%	172	85.6%	6	3.0%	178	88.6%	88.6%	23	11.4%	0	100.0%
30	和歌山	167	162	97.0%	143	88.3%	1	0.6%	144	88.9%	86.2%	18	11.1%	△ 5	97.0%
33	岡山	350	336	96.0%	299	89.0%	2	0.6%	301	89.6%	86.0%	35	10.4%	△ 14	96.0%
28	兵庫	602	591	98.2%	520	88.0%	11	1.9%	531	89.8%	88.2%	60	10.2%	△ 11	98.2%
45	宮崎	164	161	98.2%	133	82.6%	13	8.1%	146	90.7%	89.0%	15	9.3%	△ 3	98.2%
42	長崎	200	199	99.5%	179	89.9%	7	3.5%	186	93.5%	93.0%	13	6.5%	△ 1	99.5%
46	鹿児島	314	308	98.1%	256	83.1%	33	10.7%	289	93.8%	92.0%	19	6.2%	△ 6	98.1%
25	滋賀	180	178	98.9%	150	84.3%	18	10.1%	168	94.4%	93.3%	10	5.6%	△ 2	98.9%
22	静岡	570	560	98.2%	519	92.7%	11	2.0%	530	94.6%	93.0%	30	5.4%	△ 10	98.2%
18	福井	101	98	97.0%	93	94.9%		0.0%	93	94.9%	92.1%	5	5.1%	△ 3	97.0%
41	佐賀	163	157	96.3%	148	94.3%	2	1.3%	150	95.5%	92.0%	7	4.5%	△ 6	96.3%
21	岐阜	286	282	98.6%	270	95.7%		0.0%	270	95.7%	94.4%	12	4.3%	△ 4	98.6%
34	広島	312	308	98.7%	288	93.5%	8	2.6%	296	96.1%	94.9%	12	3.9%	△ 4	98.7%
31	鳥取	114	109	95.6%	104	95.4%	1	0.9%	105	96.3%	92.1%	4	3.7%	△ 5	95.6%
35	山口	188	186	98.9%	180	96.8%		0.0%	180	96.8%	95.7%	6	3.2%	△ 2	98.9%
12	千葉	605	598	98.8%	574	96.0%	6	1.0%	580	97.0%	95.9%	18	3.0%	△ 7	98.8%
23	愛知	609	597	98.0%	567	95.0%	15	2.5%	582	97.5%	95.6%	15	2.5%	△ 12	98.0%
6	山形	155	149	96.1%	140	94.0%	6	4.0%	146	98.0%	94.2%	3	2.0%	△ 6	96.1%
37	香川	116	111	95.7%	108	97.3%	1	0.9%	109	98.2%	94.0%	2	1.8%	△ 5	95.7%
40	福岡	512	498	97.3%	456	91.6%	34	6.8%	490	98.4%	95.7%	8	1.6%	△ 14	97.3%
27	大阪	436	432	99.1%	387	89.6%	43	10.0%	430	99.5%	98.6%	2	0.5%	△ 4	99.1%
24	三重	252	251	99.6%	226	90.0%	24	9.6%	250	99.6%	99.2%	1	0.4%	△ 1	99.6%
9	栃木	269	267	99.3%	266	99.6%		0.0%	266	99.6%	98.9%	1	0.4%	△ 2	99.3%
1	北海道	728	725	99.6%	673	92.8%	52	7.2%	725	100.0%	99.6%	0	0.0%	△ 3	99.6%
3	岩手	208	207	99.5%	192	92.8%	15	7.2%	207	100.0%	99.5%	0	0.0%	△ 1	99.5%
4	宮城	353	344	97.5%	338	98.3%	6	1.7%	344	100.0%	97.5%	0	0.0%	△ 9	97.5%
5	秋田	179	178	99.4%	178	100.0%		0.0%	178	100.0%	99.4%	0	0.0%	△ 1	99.4%
7	福島	285	285	100.0%	279	97.9%	6	2.1%	285	100.0%	100.0%	0	0.0%	0	100.0%
13	東京	821	817	99.5%	791	96.8%	26	3.2%	817	100.0%	99.5%	0	0.0%	△ 4	99.5%
15	新潟	242	238	98.3%	208	87.4%	30	12.6%	238	100.0%	98.3%	0	0.0%	△ 4	98.3%
16	富山	155	151	97.4%	151	100.0%		0.0%	151	100.0%	97.4%	0	0.0%	△ 4	97.4%
17	石川	150	150	100.0%	143	95.3%	7	4.7%	150	100.0%	100.0%	0	0.0%	0	100.0%
19	山梨	103	101	98.1%	100	99.0%	1	1.0%	101	100.0%	98.1%	0	0.0%	△ 2	98.1%
20	長野	457	456	99.8%	395	86.6%	61	13.4%	456	100.0%	99.8%	0	0.0%	△ 1	99.8%
32	島根	136	135	99.3%	135	100.0%		0.0%	135	100.0%	99.3%	0	0.0%	△ 1	99.3%
36	徳島	181	181	100.0%	181	100.0%		0.0%	181	100.0%	100.0%	0	0.0%	0	100.0%
38	愛媛	193	184	95.3%	177	96.2%	7	3.8%	184	100.0%	95.3%	0	0.0%	△ 9	95.3%
39	高知	130	130	100.0%	128	98.5%	2	1.5%	130	100.0%	100.0%	0	0.0%	0	100.0%
		14,653	14,417	98.4%	12,969	90.0%	551	3.8%	13,520	93.8%	92.3%	897	6.2%	△ 236	
				再任用含→	13,520										

（文科省公立小・中学校教職員実数調を参考に作成）

20％を超え△23.02％と1/4の中学校が廃校となっている。削減率の高い順では、山形についで岩手（△20.02％）石川（△19.61％）北海道（△16.76％）山梨（△16.49％）秋田（△15.79％）鹿児島（△15.09％）香川（△15.0％）熊本（△12.5％）長崎（△11.79％）愛媛（△11.72％）和歌山（△11.03％）宮城（△10.76％）佐賀（△10.64％）島根（△10.48％）山口（△10.47％）鳥取（△10.0％）と、秋田、山形、岩手、北海道などでは小学校の廃校と同時に中学校の統廃合がすすんでいる。《別表８》

都道府県立高等学校では、3,692校が3,268校へと△11.48％（424校減）で、大分（△29.63％）奈良（△26.67％）山口（△26.47％）鹿児島（△21.79％）岡山（△21.54％）青森（△20.29％）が20％を超えて統廃合が起きている(7)。

全日制では山口（△33.93％）が13年間で 1/3 が統廃合となっている。

文科省は、適正規模（12学級）未満の小規模学校（小学校で46.5％、中学校では51.6％）の適正規模化を図るとして学校統廃合の方針を打ち出し、平成27年１月27日、「公立小学校・中学校の適正規模・適正配置等に関する手引（以下、「適正規模・適正配置の手引」という）」を都道府県教育委員会教育長および都道府県知事あてに通知し域内の市町村教育委員会教育長および首長への通知の周知を促すとともに、都道府県教育長あて「少子化に対応した活力ある学校づくりに活用可能な予算事業について」とする学校統廃合に関する財源措置を内容とした通知を発した。財源保障の目玉は統廃合に伴う児童生徒の通学費に関するへき地児童生徒援助費補助金の大幅増額と統廃合に伴う学校の新増設補助率の変更（1/3→1/2）である。

小学校の廃校数は、2013年以降前年度数を下回っていたが2016年度再び増加に転じた。文科省の統廃合に伴う財源措置の影響が大きいものと推察できる。

2019年度政府予算案にあたり文科省は概算要求で義務標準法改正による基礎定数充実（2,615人）を計画したが、財務省との協議により少子化進展による基礎定数の自然減（△2,872人）に加え、学校統廃合の更なる進展による定数減△1,050人、少子化等による既存定数の見直し（△404人）を見込んだ上で、基礎定数（英語教育、生徒指導、共同学校事務体制及び基礎化関連で合計1,356人）と加配定数（100人）の合計1,456人で決着した。学校統廃合による定数減（△1,050人）は前年度にも使った手法である。

文科省がこうした基礎定数改善と加配定数改善をめざせば毎年のように進められる学校統廃合による削減がさらに拡大していく。学校統廃合が文科省主導

(別表8)公立学校の統廃合数データ(2006年度〜2018年度比較)

			小学校		
		都道府県	2018	減少率	2006
1	5	秋田	197	−31.36%	287
2	36	徳島	150	−26.28%	203
3	3	岩手	313	−27.55%	432
4	6	山形	243	−27.46%	335
5	39	高知	228	−25.00%	304
6	44	大分	262	−24.28%	346
7	1	北海道	1,032	−24.17%	1,361
8	2	青森	286	−24.14%	377
9	38	愛媛	282	−23.07%	366
10	32	島根	200	−21.57%	255
11	43	熊本	343	−21.51%	437
12	34	広島	473	−20.37%	594
13	31	鳥取	122	−19.74%	152
14	15	新潟	460	−18.87%	567
15	7	福島	436	−17.89%	531
16	37	香川	161	−17.01%	194
17	19	山梨	171	−16.99%	206
18	4	宮城	371	−16.82%	446
19	8	茨城	480	−16.81%	577
20	30	和歌山	243	−16.49%	291
21	42	長崎	317	−15.69%	376
22	26	京都	371	−14.52%	434
23	24	三重	364	−14.35%	425
24	46	鹿児島	508	−14.33%	593
25	9	栃木	360	−13.88%	418
26	35	山口	303	−12.68%	347
27	45	宮崎	236	−12.59%	270
28	17	石川	203	−12.12%	231
29	29	奈良	199	−11.56%	225
30	41	佐賀	155	−11.43%	175
31	33	岡山	382	−10.12%	425
32	10	群馬	306	−10.00%	340
33	16	富山	188	−9.62%	208
34	20	長野	358	−8.91%	393
35	28	兵庫	749	−8.32%	817
36	12	千葉	789	−7.07%	849
37	22	静岡	497	−6.93%	534
38	18	福井	197	−6.19%	210
39	21	岐阜	367	−6.14%	391
40	40	福岡	723	−5.12%	762
41	25	滋賀	221	−4.33%	231
42	27	大阪	980	−4.20%	1,023
43	13	東京	1,273	−4.14%	1,328
44	47	沖縄	264	−4.00%	275
45	14	神奈川	851	−1.96%	868
46	11	埼玉	811	−1.22%	821
47	23	愛知	967	−1.12%	978
		計	19,428	−12.73%	22,262

		中学校		
	都道府県	2018	減少率	2006
6	山形	97	−23.02%	126
3	岩手	158	−20.20%	198
17	石川	82	−19.61%	102
1	北海道	571	−16.76%	686
19	山梨	81	−16.49%	97
5	秋田	112	−15.79%	133
46	鹿児島	225	−15.09%	265
37	香川	68	−15.00%	80
43	熊本	161	−12.50%	184
42	長崎	172	−11.79%	195
38	愛媛	128	−11.72%	145
30	和歌山	121	−11.03%	136
4	宮城	199	−10.76%	223
41	佐賀	84	−10.64%	94
32	島根	94	−10.48%	105
35	山口	154	−10.47%	172
31	鳥取	54	−10.00%	60
39	高知	119	−9.85%	132
8	茨城	211	−9.83%	234
2	青森	156	−9.83%	173
36	徳島	83	−9.78%	92
44	大分	131	−9.66%	145
24	三重	156	−9.30%	172
9	栃木	154	−8.88%	169
26	京都	165	−8.84%	181
7	福島	219	−8.75%	240
45	宮崎	127	−8.63%	139
10	群馬	160	−8.05%	174
21	岐阜	177	−7.81%	192
34	広島	236	−7.09%	254
33	岡山	154	−6.10%	164
16	富山	79	−5.95%	84
15	新潟	226	−5.83%	240
47	沖縄	148	−5.13%	156
20	長野	184	−4.66%	193
13	東京	610	−4.54%	639
28	兵庫	339	−3.97%	353
29	奈良	103	−3.74%	107
40	福岡	334	−3.19%	345
11	埼玉	414	−2.36%	424
14	神奈川	408	−2.16%	417
12	千葉	377	−1.57%	383
22	静岡	202	−1.46%	205
18	福井	76	−1.30%	77
25	滋賀	99	−1.00%	100
27	大阪	458	−0.87%	462
23	愛知	415	0.97%	411
	計	9,341	−7.69%	10,119

		高等学校(全・定・併)		
	都道府県	2018	減少率	2006
44	大分	38	−29.63%	54
29	奈良	33	−26.67%	45
35	山口	50	−26.47%	68
46	鹿児島	61	−21.79%	78
33	岡山	51	−21.54%	65
2	青森	55	−20.29%	69
15	新潟	80	−18.37%	98
9	栃木	61	−17.57%	74
36	徳島	30	−16.67%	36
1	北海道	198	−16.46%	237
10	群馬	61	−15.28%	72
37	香川	29	−14.71%	34
8	茨城	96	−14.29%	112
43	熊本	50	−13.79%	58
27	大阪	138	−13.75%	160
30	和歌山	32	−13.51%	37
6	山形	42	−12.50%	48
22	静岡	85	−12.37%	97
3	岩手	64	−12.33%	73
40	福岡	94	−12.15%	107
4	宮城	68	−11.69%	77
5	秋田	46	−11.54%	52
45	宮崎	39	−11.36%	44
20	長野	79	−11.24%	89
42	長崎	56	−11.11%	63
16	富山	41	−10.87%	46
17	石川	43	−10.42%	48
18	福井	27	−10.00%	30
12	千葉	122	−9.63%	135
13	東京	186	−9.27%	205
24	三重	56	−8.20%	61
34	広島	80	−8.05%	87
11	埼玉	139	−7.95%	151
38	愛媛	49	−7.55%	53
14	神奈川	141	−7.24%	152
19	山梨	29	−6.45%	31
23	愛知	148	−6.33%	158
25	滋賀	45	−6.25%	48
32	島根	35	−5.41%	37
39	高知	35	−5.41%	37
21	岐阜	63	−4.55%	66
47	沖縄	60	−3.23%	62
7	福島	88	−2.22%	90
26	京都	47	−2.08%	48
28	兵庫	135	−1.46%	137
31	鳥取	24	0.00%	24
41	佐賀	39	0.00%	39
	計	3,268	−11.48%	3,692

(学校基本調査をもとに作成)

となり加速度的にすすむ危険性を孕んでいる。

各地で学校統廃合がすすめられ、児童・生徒、高校生の遠距離通学の問題も生じている。加えて学校統廃合は離島や山間僻地ではもはや限界である。

おわりに

行き過ぎた学校統廃合は人口減少とともに地域の消滅にもつながる。それは更なる統廃合をもたらすことである。

2017年度教職員の病気休職の実態は、教員では0.85％（2016年0.84％）でそのうち精神疾患によるものの割合は65.12％（2016年63.04％）と前年比2.08％増となっている。事務職員でも病気休職者は0.98％（2016年0.92％）で精神疾患によるものは75.05％（2016年75.05％）で四人に三人の割合となっている[8]。《別表９》

本務者も非正規職員も多忙な環境にあることが原因ではないのか。「働き方改革」で職場環境に大きな改善がみられるのか疑問である。

義務制・高等学校とも不安定な雇用形態の非正規教職員に支えられた学校を見直すことが重要かつ必要な時期にきている。

文科省の主導する12学級以上を標準的とする標準的学級論を見直し、学級規模の改善による基礎定数を重視した計画的な教職員定数改善策が図られるべきである。

注

（１）労働力調査（基本集計）平成30年11月分（速報）総務省統計局

（２）平成30年分民間給与実態統計調査　平成30年12月　国税庁企画課

（３）公立小・中学校教職員実数調（平成30年５月１日現在）　文部科学省

（４）公立高等学校課程別・職種別教職員実数調（平成30年５月１日現在）文部科学省

（５）平成29年度　全国と大分県の比較（EXCEL）大分県公立学校教頭会HP

（６）第29回全国学校事務研究集会第４分科会報告「学校事務誌」2019年12月号

（７）学校基本調査　文部科学省

（８）平成29年度公立学校教職員の人事行政状況調査について　文部科学省

（公教育計画学会会員）

《別表9》病気休職者数等の割合

【事務職員】

① ア　病気休職者（在職者数中の割合）

	病気休職者 A	在職者数 B	A/B
29年度	541	55,129	0.98%
28年度	509	55,409	0.92%
27年度	480	55,422	0.87%
26年度	454	55,945	0.81%
25年度	464	56,609	0.82%
24年度	507	57,251	0.89%

イ　精神疾患者（在職者数中の割合）

	精神疾患者 A	在職者数 B	A/B
29年度	406	55,129	0.74%
28年度	382	55,409	0.69%
27年度	362	55,422	0.65%
26年度	334	55,945	0.60%
25年度	341	56,609	0.60%
24年度	369	57,251	0.64%

ウ　精神疾患者（病気休職者数中の割合）

	精神疾患者 A	病気休職者 B	A/B
29年度	406	541	75.05%
28年度	382	509	75.05%
27年度	362	480	75.42%
26年度	334	454	73.57%
25年度	341	464	73.49%
24年度	369	507	72.78%

② エ　病気休職者及び1ヶ月以上の病気休暇取得者

	休職者及び休暇取得者A	在職者数B	A/B
29年度	1,030	55,129	1.87%
28年度	976	55,409	1.76%

オ　エのうち精神疾患者（在職者数中の割合）

	精神疾患者 A	在職者数B	A/B
29年度	639	55,129	1.16%
28年度	573	55,409	1.03%

カ　エのうち1ヶ月以上の病気休暇取得者

	病気休暇取得者A	在職者数B	A/B
29年度	489	55,129	0.89%
28年度	467	55,409	0.84%

（注）在職者数：学校基本調査より

【教育職員】

① ア　病気休職者（在職者数中の割合）

	病気休職者 A	在職者数 B	A/B
29年度	7,796	920,760	0.85%
28年度	7,758	920,058	0.84%
27年度	7,954	920,492	0.86%
26年度	8,277	919,253	0.90%
25年度	8,408	919,717	0.91%
24年度	8,341	921,673	0.90%

イ　精神疾患者（在職者数中の割合）

	精神疾患者 A	在職者数 B	A/B
29年度	5,077	920,760	0.55%
28年度	4,891	920,058	0.53%
27年度	5,009	920,492	0.54%
26年度	5,045	919,253	0.55%
25年度	5,078	919,717	0.55%
24年度	4,960	921,673	0.54%

ウ　精神疾患者（病気休職者数中の割合）

	精神疾患者 A	病気休職者 B	A/B
29年度	5,077	7,796	65.12%
28年度	4,891	7,758	63.04%
27年度	5,009	7,954	62.97%
26年度	5,045	8,277	60.95%
25年度	5,078	8,408	60.39%
24年度	4,960	8,341	59.47%

② エ　病気休職者及び1ヶ月以上の病気休暇取得者

	休職者及び休暇取得者A	在職者数B	A/B
29年度	17,196	920,760	1.87%
28年度	16,799	920,058	1.83%

オ　エのうち精神疾患者（在職者数中の割合）

	精神疾患者 A	在職者数B	A/B
29年度	8,470	920,760	0.92%
28年度	8,071	920,058	0.88%

カ　エのうち1ヶ月以上の病気休暇取得者

	病気休暇取得者A	在職者数B	A/B
29年度	9,400	920,760	1.02%
28年度	9,041	920,058	0.98%

（参考）文科省　公立学校教職員の人事行政状況調査

書評

書評

大内裕和著
『教育・権力・社会――ゆとり教育から入試改革問題まで』

中村　文夫

大内裕和会員が1999年から2019年までの約20年間に、精力的に発表してきた文章をまとめた『教育・権力・社会』を一気に読み終わった。いずれも力作ぞろいで、すでに発表当時に雑誌で見た文章も、また頷きながら読んだ。同時並行的に課題の社会運動化も進めてきた姿は感動的である。新自由主義の浸透による「教育の危機を問い直す」作業をしているすべての人に読んで頂きたいと思う。そのうちから三つばかり取り上げてみる。

一つは戦後教育の源泉が、戦時体制にあることの指摘である。戦後が戦前・戦中からの連続か、断絶かでは大きな論点の相違がある。もちろん時代は変遷するのであるから、両面があり得る。しかし、どちらの面を強調して、時代を把握するかによって分析や対処が相違することは言うまでもない。例えば、私が個人的にこだわってきた義務教育費国庫負担制度という義務教育を支えている教育行財政制度は、1940年に戦時体制の財政制度として創設され、アメリカ占領軍によりいったんは廃止されるも再び復活されたものである。学校教育法も法文の多くが国民学校令と同じであった。戦後民主主義教育を高く評価したい人たちは、そのことに触れられるのを嫌うことがあろう。

戦後教育からの脱却は、連続面を重視すれば、戦中教育からの脱却ともいえるの。1984年に中曽根内閣によって設置された臨時教育審議会での論争が脱却の始まりであると大内さんはとらえる。そこで論じられた「教育の自由化論」は、1990年代に入って以降、「自由」、「個性」などの言葉を使って具体化が進んでいった。「それまでの教育制度の改革を目指し、「自由化」そして「個性化」を目標として掲げた。そこでは親と子どもは教育の消費者として設定している。国家による教育を、消費者に向けてのサービスへと転換したのである。これは戦後教育において革命的な変化であったと言ってよい。戦後教育における政治的対立は、教育権は国家と国民のどちらに存するかということを中心に展開してきた。臨時教育審議会の議論は、それまでの行政・教師・国民の間でのその権利をめぐって行われてきた教育をめぐる政治的対立を、サービスの提供者と消費者という市場における交換関係へと置き換えたのである」（「教育を取り戻すために」）。これらの教育の自由化論、個性重視の教育について、戦後教育の「教育の画一性」批判者はその後に有効な対応ができないばかりか、場合によっては知らず知らずのうちに、自己責任を重視する新自由主義の露払いの役割を果たしたケースもあるだろう。

二つは、教育改革とは、今日、新自由主義改革を意味する。これを推し進めた政治的な権力についてである。ゆとりから学力向上による新自由主義的な教育サービスの向上に政策転換した教育再生実行会議は、「格差と排除の教育マニュアル」として次々と改革に向けて意欲的な報告を出していった。この改革による教育サービス化は当然、サービスを買える層と買えない層との対立を激化させ、「いじめ」という子ども間の階級的な小競り合いを頻発させ、「不登校」という学校拒否を拡大させた。そうすると今度はその事象を利用してさらに新自由主義的な政策を広げるということが繰り返されている。

教育の新自由主義的改革は、「第２段階」に入ろうとしていると、大内さんが語ったのは2007年４月のことであった。こうして「学校は過度の効率化を追求する経営体」（「学校改革とは何か」）化が着々と進む。新自由主義政策は学校ばかりではなく、社会全体の格差拡大を引き起こした。このことを背景に2009年の衆議院選挙で民主党が圧勝し、政権交代が実現した。しかし、民主党内にも多数の新自由主義的な改革勢力が混在し、場合によっては「保守」党ではできなかった改革を一気に進めたい人々も集まっていた。「子ども手当」や「高校授業料の無償化」など画期的な政策が展開されたが、他方ではそれは教育バウチャーなどの新自由主義的な政策への傾斜も見られたのである。新自由主義政策なのか、それとも格差に注目した教育機会の均等を維持発展させる政策なのか、そのあいまいな政策により、熱気は瞬く間に冷め、再び政権交代が起きた。そのとき自民党はすでに民主党政権の政策の上に、より新自由主義的な政策をあからさまに進める政党に変貌していた。2011年10月の大津市のいじめ事件は、教育行政改革や道徳の教科化に政治的に結びつけられた。教育委員会改革では、形骸化していた教育委員会を教育サービス機関として再設定し、首長主宰の総合教育会議が決めた地域の教育行財政を実行する機関に事実上機能させられた。これらの動きは中央政界だけではなく、公教育の実施主体である地方でもより強引に導入する政治勢力が台頭していた。その代表が大阪の維新の会による新自由主義教育政策であった。大内さんは、「大阪教育行政2011～2012」において、一方で変質し私学優遇政策となった高校授業料の無償制をテコとした、公立高校のスクラップ化などの新自由主義教育政策が露骨に始められ、それに逆らう学校職員等への圧政を描いている。「競争と格差」を所与とし、その亀裂を覆う薄い布切れにしか過ぎない国歌や国旗が強制された。そのことは残念ながら、大阪では現在まで続き、また各地に拡散している。

三つは、新自由主義教育政策により、大衆大学化した高等教育機関への再編成に関する問題である。大学教育への競争原理の導入は、大学経営の柱であった私学助成を細らせ、代わりに授業料への依存を強めてきた。保護者家庭の収入は、労働現場の日本的経営の廃棄により激減し、授業料支払いや生活費への仕送りに事欠くこととなった。授業料が払えない学生が頼ってきた奨学金は有利子・貧困ビジネス化し、学生は授業よりアルバイトに精を出す困窮生活に追い込まれた。2013年の「ブラックバイト・全身就活・貧困ビジネスとしての奨学金」にそれが詳しい。ブラックバイトという言葉を使い始めたのは大内さんである。堺屋太一さんは「団塊の世代」を、大内裕和さんは「ブラックバイト」を語って、時代を切り取った。奨学金問題を逆手に取った自民党は、奨学金原資として消費税10％への値上げを語る場面もあった。「幼児教育・保育の無償化」とともに「高等教育の無償化」が実施されることとなった。いずれの無償化も当該関係者からの厳しい批判にもかかわらず強行された。幼児教育・保育の無償化が幼児教育・保育の一層の市場化のためであるように、高等教育の無償化も同様に高等教育の市場化のための引き金となる。アメリカ同様に、グローバル人材用の高等教育を受けられる若者は、富裕層の子どもだけになろうとしている。高等教育への入学システムも、市場化されようとしている。入る大学、入ってからの学校生活での格差だけではなく、入るための制度自体も格差を助長とする市場化である。大内さんは、「長めの〈あとがき〉2019－2020」において、「教育への公的予算の少なく、私的負担額が大きい日本社会では親の所得格差は子どもの教育格差へと直結する」と書いている。萩生田文科大臣の「身の丈発言」は教育基本法の教育機会の均等理念に逆行する発言であり、大学入試の英語民間試験にかかる費用による格差は認めることのできないことであるとしている。それは英語・数学の記述式問題への批判にも及ぶ。この批判的な視点は、受験生や高校教育関係者にも幅広く共有されて、大学入試の「民営化」は延期されることとなった。しかし、この20年間に露骨に進められてきた公教育の市場化は、それによって教育サービスを特権的に得られると考える層が、政治、マスコミ、教育界、保護者などで大きな顔をしている限り、止むことはないように思える。

21世紀こそ新自由主義教育政策が跋扈する時代であり、それを厳しく批判する大内さんに期待することは大きい。

[青土社/2020年１月刊/定価2200円＋税]

（公教育計画学会会長　教育行財政研究所主宰）

書評

大森直樹著 『道徳教育と愛国心――「道徳」の教科化にどう向き合うか』

福山　文子

道徳の教科化をめぐっては、さまざまな立場から議論が展開されてきた。本書は、一連の道徳の教科化をめぐる議論が、道徳および道徳教育という言葉が意味する内容について異なった前提に立ったまま、しかも、そのことがほとんど整理されないままに行われていることが多い現状を踏まえ、「戦前と戦後の道徳教育政策の歴史を事実にもとづき総括するためのたたき台をつくること」そして、「国家的な見地から立案され現場におろされてきた道徳教育政策にたいして、教職員や保護者、当事者である子どもたちがどのように行動したのか、その姿をたとえ一部ではあっても書きとどめること」を目的として書かれたものである。

構成は、以下の通り第1章から終章までとなっている。なお、道徳教育については、枠内に示した四つに分類したうえでそれぞれの是非が論じられている。

第1章　道徳の教科化とは何か
第2章　戦前の道徳教育を見る－修身と愛国心の評価
第3章　戦前の道徳教育は反省されたのか－戦後教育改革の「抜け道」
第4章　復活した国定の道徳教育－一九五八年「道徳の時間」特設
第5章　国定による道徳教育はなぜ問題か－批判と反対の声
第6章　愛国心教育の制度的漸進
第7章　安倍政権下の二四教育法と道徳教育
終　章　「道徳」の教科化にどう向き合うか

第一は、子どもの生活の場としての学校において、子どもの道徳が自然に育まれていく、そうした意味での道徳教育（無意図的な道徳教育）。 第二は、道徳に関わる歴史や事実の学習という意味での道徳教育。 第三は、教員の意図的で計画的な取り組みによって、子どもの道徳を育もうとする、そうした意味での道徳教育（道徳形成のための教育）。 第四は、従前の道徳教育にたいする「抜本的改善」（文部科学省「道徳教育の抜本的改善・充実」2015年3月）の柱の一つとして提起されている「考え、議論する道徳教育」。

「第1章道徳の教科化とは何か」においては、戦後の保守政権と政府が、かねてより国民の道徳のあり方に関心を抱いてきたことに触れつつ、そのアプローチについて理念的に大別し論じられている。さらに、「道徳の時間」から

「特別の教科である道徳」への道筋、「考え、議論する道徳」への展開、検定教科書導入の意味、評価について様々な資料を支えとしながら検討がなされている。例えば評価に関しては、道徳の教科化以前の2010年の「小学校児童指導要録（参考様式）」に「道徳の時間」に限ったかたちでの評価欄が設けられていなかったこと、しかしながら同時に「行動の記録」欄が設けられ、2008年「学習指導要領」に記された国定の道徳基準を踏まえて評価を行うことが意図されていたと述べられている。すなわち、当時すでに「規則の尊重」「公共の精神」「伝統と文化の尊重」の評価が意図されていたとの指摘である。

「第 2 章戦前の道徳教育を見る――修身と愛国心の評価」「第 3 章戦前の道徳教育は反省されたのか――戦後教育改革の『抜け道』」では、文字通り戦前の道徳教育をおさえた上で、戦後の道徳教育が本当に反省されたのかについて議論されている。「学校教育法」第一八条に 8 項目の目標をおき、かつて「国民学校令」に教科目を規定していたことに代位させ、第二〇条に「第一八条の規定に従い」の文言をおくことで、「監督庁への委任」がフリーハンドではなく、8項目の目標に縛られることを明示。さらに、付則を置き、第二〇条「監督庁」にかかわり「当分の間、これを文部大臣とする」と規定したことが、「国による教科目と教育課程構造の決定権を継続させるものだった」との分析的記述には説得力がある。さらに省令「学校教育法施行規則」の第二四条により、「省令の改正には省内の手続きがあればよい」とされたことで、文部省は「教科目と教育課程構造の決定をめぐり、戦前よりも大きな自由度を手に入れた」との解釈が示されている。看過してはならない指摘であろう。

一方で、戦後修身のなくなった新学制下における教育がどのように担われたのかについて、事例のひとつとして挙げられているのは、無着成恭の実践である。「『なんでもハイハイということをきく子供』を育ててはいけないということが、教育にかける信条の一つになっていた」無着の学級で、生活の現実を直視しながら書かれた作文「母の死とその後」が、1950年に日本教職員組合と教科書研究協議会主催の全国作文コンクールで文部大臣賞を受ける。その際、授賞式で講師が「近代の道徳は温順でも忍耐でもない。抵抗である。抵抗である」と叫んだ時に、万雷の拍手が湧きおこったという。「抜け道」はいくつかあろうとも、少なくとも1950年当時、道徳という言葉がかつての国による道徳とは異なった響きを持つ言葉として受け止められつつあった証左といえる。

続く「第 4 章復活した国定の道徳教育――一九五八年『道徳の時間』特設」「第 5 章国定による道徳教育はなぜ問題か――批判と反対の声」「第 6 章愛国心教育の制度的漸進」では、先ず、1958年 3 月18日に文部省が文部事務次官通達「小学校・中学校における『道徳』の実施要領について」（文初初第一八〇号）を発し、唐突に「道徳の時間」の特設を進めようとしたことが示されると同時に、このような施策をめぐる文部省の主張が次のように抜き出されている。

> 学校教育の目的を達成するためにどのような教科を設け、どのような目標・内容を設定して指導するかは、学校教育法によって、文部大臣に任された行政権である。－中略－「道徳」の学習指導要領ができるまでの間、この達によって実施していただきたいのである。あくまでもこの通達に準拠していただきたい。(道徳教育連絡協議会要録/1958年 6 月)

この一連の流れに対し、本書では、文部省が自らつくってきた「学校教育法」＋「学校教育法施行規則」等の「抜け道」をたどることすら省略して「道徳の時間」の特設を強行したと指摘がなされている。極めて性急に「道徳の時間」が特設された事実が迫ってくる。

その後、あらためて国定による道徳教育の問題性について整理がなされ、愛国心教育が制度的に漸進していくさまが、学習指導要領における「愛国心」の変遷などを交えつつ、丁寧に論じられる。続く、第 7 章では、第一次から第三次までの安倍政権下において成立した、学校教育に関係する法律24本が提示され、同政権下の教育改革の三つの柱が道徳と結びついていることが示される。

最後、終章では、教科化の要点が簡潔に整理され、その問題点がさらに明確にされるとともに、対処策の全体が明らかにされている。対処策の全体、つまり本書の副題でもある「どう向き合うか」については、以下の 6 点に分けて論じられている。

①無意図的な道徳教育：道徳教育には 2 つの領域があるとの立場に立ち、一つ目の領域を「無意図的な道徳教育」と位置づけている。すなわち、元来道徳は人々が生活と仕事のなかで自然に身につけるものであり、子どもに道徳を説くことではなく、大人が生活と仕事の場における道徳のあり方にどのように関わるのかが問われているとの指摘である。

②道徳事実についての学習：本書の中では、道徳教育の二つ目の領域と位置づけられている。歴史と社会のなかで人々はどのように道徳を形成してきたのか、社会現象としての倫理や道徳について認識を深めるようにとの指摘である。例として、「子どものことは子どもが決めるべき」という道徳が世界史のなかでどうつくられてきたかといった事実について認識を深める学習が挙げられている。

③分断読みと中断読み：道徳科の時間をめぐり、「内面化」「不信と苦痛」などの弊害を回避あるいは軽減するための応急対処策として提示されている。教材を最後まで読まず途中で切って意見を言い合う「中断読み」は、多様な意見が出て、その多様さを認め合うことができるので「ベターな方法」であるとの指摘である。その他、④数単元だけ道徳事実についての学習、⑤評価を拡大させない、⑥教育課程構造について子どもの視点に立った議論を教育現場の側から行っていくことが提言されている。

以上のように本書は、「戦前と戦後の道徳教育政策の歴史」を、膨大な資料を支えとして丁寧に描き出している。この点において、本書の「事実にもとづき総括するためのたたき台をつくること」という目的は十分に果たされているといえよう。このような本書の意義と可能性を大きく認めながらも、一点だけ、終章における論考について述べたい。「『子どものことは子どもが決めるべき』という道徳が世界史のなかでどうつくられてきたかといった、道徳事実について学習することの意義について書かれているが、「子どものことは子どもが決めるべき」という「権利」を道徳という言葉に回収していくことについて、もう少し丁寧な記述が欲しかった。「国家のための道徳」から脱却するために「国家のためではない道徳」について考えていくことは、「道徳」の教科化に向き合うための戦略となり得るとは思いつつも、その回収によって生じ得るものについては考えていく必要があるのではないだろうか。あるいは、精緻なたたき台を示された今、私たちが議論を引き受ける番なのであろうか。

このようなさらなる議論をおこなうためにも、また、「道徳」の教科化への具体的な向き合い方を考えるためにも、本書は極めて有益な基盤であると考える。道徳の問題は内心の自由にかかわる問題であり、これからの社会のありようにも影響を及ぼす。道徳教育に関わる人だけでなく、すべての人に手に取って頂きたい良書である。

[岩波書店/2018年 9 月刊/定価2,600円＋税]

（公教育計画学会会員　専修大学）

書評

相庭和彦著
『現代市民社会と生涯学習論
――グローバル化と市場原理への挑戦』

中西　綾子

本書は著者が研究を続けられてきた、生涯学習・社会教育研究を歴史論・地域論・市民社会論から検討した 3 部作のうちの 3 冊目に位置する。8 章にわたり、グローバル化による日本の労働者の低賃金化、貧困の深化と差別、地域社会の変革と教育計画、歴史認識と民主主義という問題の関連性を、生涯学習論の視点から読み解いている。

現在の日本は、知識基盤型社会の到来やグローバル化に適応する社会を展望するための政策決定が行なわれている中で「教育全般はかつてないほどの重要な岐路に立っている。教育に携わる人々にとってこの危機意識はおそらく共有できると思う」と著者は投げかける。以下スペースの関係で章を抜粋して紹介したい。

第１章ではグローバル競争に勝ち抜く産業「能力」に特化した「知識」以外は認めようとしない国の姿勢を指摘し、グローバリゼーションがもたらした教育への「影響」―とくに「知」のあり方を検討していく。グローバル化により先進国に産業の空洞化が生まれると、先進国内に数パーセントの富裕層と圧倒的多数の貧困層が生まれ、教育政策はナショナリズムを前面に押し出したものに変化していく。人は貧困のために自己実現を諦めざるを得ない時その代償として差別意識に絡め取られやすいことは、差別論の基礎的理解である。著者は、グローバル化に対応する今こそ、教育費保障の重要性も指摘している。「教えること」と「知っていること」は次元の違うことであり、「教えること」を学ぶためには費用がかかる。技術力の差はその技術を習得するために受けた教育の差であり、学生の貧困と教育費、教育の差の問題はグローバル化社会を考察するうえで切り離せない。教育は「知を獲得していく過程」であり、教育の危機的状況はグローバル化による貧困層の増加と格差の拡大によってもたらされていると指摘している。

第２章はマルクス貨幣論を手がかりに、近代市民社会の「すべての人間は平等である」という言説を「貨幣」と「交換」を基軸に考察する。現代では市民経済が世界中を覆いつくし、そこで主張される「人間観」が普遍的なものとして扱われ、他方でそこに入らない人間を淘汰しようとしている。著者はこうした現象を「差別と平等」という視点から考察していく。マルクス価値論を用いながら「交換」をするという経済活動は、人間を「平等」にする原動力であると説く。なぜなら強奪や支配の関係性の中では交換は成り立たないからである。著者は同時に経済的な諸関係が差別問題につながることも指摘する。平等なはずの等価交換という行為は、人間関係においては平等とは限らない。貨幣社会は資本主義制度と切り離せないし、形式的平等を推し進めることで、具体的不平等が拡大再生産することなどを『夕鶴』と今村仁司の貨幣論を引用しながら分析している。

第３章では、地域社会の変革と生涯学習計画について1990年以降の教育の計画化行政というべき教育基本構想について考察している。資本主義社会が自由と平等を建前にしつつ、実質的には不自由と不平等を生産する社会で、資本主義社会における教育の役割はこのシステムに「合意と納得」をつくる役割も担っていると指摘する。本来生涯学習は人々が学び続けることで生きる権利を保障するものであった。生涯学習振興法では、教育基本構想＝地域教育計画は基本的には地域の実情に配慮し社会教育の地域主義的特徴を有していた。しかし、2006年改正教育基本法における教育振興基本計画を見ると逆になっていると元井一郎を引用しながら考察し、地域住民の自治意識をいかに形成するかという問題を投げかける。

第６章は、差別問題をいかに考えるかがテーマである。部落差別や、人種差別、障がい者差別、性差別問題についてわかり易い語り口でありながら深く語りかける章である。近代社会では皆「人間は平等であると」という概念を無意識のうちに学習している。ところが差別はなくならないし、形を変えてやってくる。差別問題は本質的には「心」の問題ではない。差別が厳しい社会は、社会全体が不平等で不自由だということを意味している。差別は自己実現や自分の将来を展望する気持ちを奪う。自分で自分の命を落とさない、そして差別を許さないという解放同盟の主張は、現在にいじめと置き換えることもできる。著者はいじめと部落差別は質的にはイコールであると指摘する。学校教育は人権という自分が有している基本的な考え方を潰していないかと問う。グローバル化した現代社会において差別＝人権侵害は常に厳しい視線が注がれている自覚を促すことが必要である。民主主義を存続発展させることと差別問題を解決するために学習することはほぼ同じことであると述べている。

第７章は戦後教育運動を分析する視覚－海老原教育史学の構造的特徴－で、著者は海老原教育史学を資本主義社会の発達段階に即して教育を分析していくために「教育政策と教育運動の対抗基軸」・「『教育実践』という概念へのこだわり」・「『イデオロギーと教育』との関係への注目」という３つの柱に分類し、その３つが互いを支えながら教育史像を形成していると分析する。教育運動を抑制する権力の教育政策とは何か。国民統治の諸手段に占める権力の強化・教育政策の比重の強さと重さは何に起因するのか。海老原は、明治以降の日本資本主義下の教育政策分析を通して、教育運動を研究する上で国際連帯を教育研究でいかに形成していくかを考える。近代日本の支配者層が国際的に通用する資本主義発展を模索し政策を構想していくことに対抗するためには、教育運動は国際連帯として構想されなければならない。そのために「国民教育」が必要となった。海老原の国民教育論は学校教育の範囲を超えて、主権者である国民の自己教育的とりくみが日本の民主主義国家形成へつながる過程である。著者は分析を交えながら国際連帯の教育の必要性を強く押し出した点が後期海老原教育史学の特徴と示す。後半部分では、著者は海老原のイデオロギー概念とグラムシをはじめとするヘゲモニー闘争等の分析を経て、教育という制度が社会発展における必要的産物であり、それは社会の存続と切り離すことができないと海老原は確信していたと指摘し、そこに至る過程を解く。

本書の引用書や参考文献を改めて読み返してみたくなる。これは著者の表現が素晴らしいからであり本書の魅力の一つだと思う。

生涯学習論の重要な研究者が丁寧に説く本書は、切迫した著者の課題意識が伝わってくる。

身近な問題として、広く読者に読んでほしい良書である。

[明石書店/2016年 7 月刊/定価3,500円＋税]

(公教育計画学会会員)

書評

堀正嗣編、栄留里美、久佐賀眞里、鳥海直美、農野寛治『独立子どもアドボカシーサービスの構築に向けて』

二見　妙子

本著は、「自分の味方」となり、「純粋に話を聴いてくれる人」「施設の職員には言いたくても言えないことを言ってくれる人」「作業所での課題を解決してくれる人」として、自らのアドボケイトを求める子どもたちの声に導かれて始まる。施設で生活する子どもたちの声を聞き、子ども自身が関係するおとなに自らの声を伝えることを支援し、また、必要な場合には代弁により子どもの権利を擁護する「独立子どもアドボカシーサービス」創設に向けて書かれたものである。

本著編著者の堀らは、子どもアドボカシーに関する研究を長年積み重ねてきた。これまでには『子どもソーシャルワークとアドボカシー実践』(明石書店2009)『イギリスの子どもアドボカシーその政策と実践』(明石書店2011)『子どもアドボカシー実践講座』(解放出版社2013) などを出版している。これらは、子どもの権利条約12条意見表明権と障害者の権利条約第 5 条を拠り所としているので、本著を読む際には「保護される対象」から「権利行使の主体」への「子ども観」の転換、および「子ども」の権利保障と「障害児」の権利保障には共通性と個別性があることが基本的認識となる。したがって、本著「はじめに」では、子どもの権利条約が子どもの「意見」を「view」と表記し、論理的に表現された「見解」(opinion) だけではなく気持ち (feeling) を含めたすべての思いが「意見」であることが特記され、また、子どもの権利条約12条 2 項「聴かれる権利」と障害者の権利条約第 5 条「障害児の意見表明権を実現するための障害及び年齢に応じた支援の提供」が並記されている。

日本においても、ようやく2016年の改正児童福祉法により、子どもの最前の利益と意見表明権が法定化され、厚生労働省は子どもの権利擁護の強化と意見表明権を保障するための政策検討を進めている。「新しい社会的養育ビジョン」(2017年 8 月 2 日）では、社会的養護を受けている子どもに対する訪問アドボカシー創設の必要性及びモデル事業の実施とそれに基づくアドボケイト事業の制度化の早期実施が示された。本著の研究は、まさに、この緊急かつ重要な社会的要請に基づいて展開されたものである。子どもの権利保障を推進すべき機関や場所はたくさんあるが、今回は、児童擁護施設と福祉型障害児施設を想定して独立子どもアドボカシーの構築が試みられている。

本書は、第一部「研究の概要と背景」第二部「児童養護施設における職員・子ども調査」第三部「障害児施設における職員・子ども調査」第四部「日本型独立子どもアドボカシーサービス提供モデルの構築」より構成されている。

第一部第 1 章には研究課題が（ 1 ）福祉施設入所児童の権利擁護の現状把握—権利擁護システムの現状・効果・課題の解明（ 2 ）日本版独立子どもアドボカシーサービス導入のためのアセスメントー独立子どもアドボカシーサービス導入のニーズとバリアの解明（ 3 ）日本版独立子どもアドボカシーサービス提供モデルの策定—独立アドボケイトの養成、児童福祉施設及び行政機関との契約締結、訪問面接、守秘、危機介入、スーパービジョン、評価、財源などを含めた提供モデルの構築（ 4 ）日本版独立子どもアドボカシーサービス提供モデルの評価、と示されている。また、施設入所経験者及び障害当事者参加によるピアリサーチが採用され、子どもたちの意見や気持ちを表現しやすい状況作りと深いニーズの把握とエンパワメントが企図されている。これは、本研究の先進的な特徴である。

第 2 章では、日本の子どもアドボカシー研究における本研究の位置が示される。これまでの堀らの子どもアドのカシー研究は、主に英国の制度並びに実践から示唆を得て行われていたが、本研究では①日本の児童福祉施設で働く人たちや子どもたちの声を聴き②これまでの自らの構想研究が日本の現場にとってニーズがあるのか③あるとすればどのような提供体制が望ましいのか、などを実証的に把握し構想の具現化を図る旨が示されている。

第 3 章では、本研究のモデルである英国の子どもアドボカシー及び訪問アドボカシーについて紹介がある。そして、イギリスでは、すべての援助過程における子どもの参加と意見表明を保障する法律、制度、実践の見直しと共にアドボカシーの導入が展開されているが、日本国における実現可能性と緊急性の高さから本研究が訪問アドボカシーの実践研究に至った経緯が示されている。

第二部 4 章から第三部 9 章までは、児童養護施設における職員と子ども及び、障害児施設における職員および子どもを対象に行われたアドボカシー導入のニーズ・懸念・資質に関する調査研究の内容と結果及び考察である。質問項目やその回答が具体的に表示されている。

これらの結果を踏まえ、第 4 部では日本型独立子どもアドボカシーサービス提供モデルの構築が検討される。第10章では、訪問アドボカシーのサービス提供のプロセス、アドボケイトの養成、アドボケイトの雇用とスーパービジョンの検討が行われ、子どもアドボカシーサービスは、行政が提供する子どもの権利擁護システムの一環として、財源と権限の公的な確保が求められ、また、意見表明権に加えて権利侵害に対応する同サービスは、施設からの独立性が不可欠であるため、本事業は、基礎自治体による市民団体への委託事業としての位置づけが主張される。さらに11章では、訪問アドボカシーの実践方法が構想されている。その実践は、①信頼関係の構築②権利に関する啓発③子どもの参加の促進④傾聴⑤個別アドボカシー⑥権利侵害への対応⑦制度改善と階層的に図示される。障害児アドボカシーの独自性を主張する立場からは、厚生労働省（2017年）の「障害者福祉サービスの提供に係る意思決定支援ガイドライン（案）」について、その長所として、自己決定に困難を抱える障害者の意思決定支援を相談援助の中核に位置付ける点を取り上げながらも、障害児の位置づけがなく独立アドボケイトの位置づけもないこと、及び社会資源開発の仕組みが位置付けられていないなどの課題を指摘し、障害児施設に暮らす子どもたちへのアドボカシーサービス導入について、障害者の意思決定支援との接続可能性が主張される。最終章では、訪問アドボカシーの政策提言とその実現可能性が既存の法制度との関係で検討されている。

本著を読んで、私は、今後日本の子どもアドボカシーシステム構築に本研究が重要な役割を果たすことを確信した。「子どもの権利」「障害者の権利」を真ん中に、子どもアドボカシーの制度化と実践が早期に実施することを願う。本著は、子どものことや障害児者に関わる人、関心がある人、すべての人たちにぜひ読んでいただきたい。そして、子どもたちや障害児たちと内容を共有してほしいと思う。

尚、私は、本著について２点の疑問を持った。第１点目は、誰がアドボケイトになりうるのかということである。本著第10章には、施設等で働く人が、一定のトレーニング受講後認定される仕組みが想定されているが、既存の専門性の上に構築される専門性が孕むパターナリズムを回避するための仕組みをどのように発展させていくのだろうか。第２点目は、子どもアドボカシー制度の発展とインクルーシブ教育推進の関係である。この点についても、今後、著者らの研究に期待し、学ばせていただきたい。

［解放出版社/2018年２月刊/定価3,800円＋税］

（公教育計画学会会員　福岡県立大学）

書評

宮澤弘道・池田賢市編著『「特別の教科道徳」ってなんだ？――子どもの内面に介入しない授業・評価の実践例』

福山　文子

本は読まれなければ意味が半減するのではないか。本書は、読まれる、さらに読み通されるための工夫が随所に散りばめられている。「はじめに」の直後には、「この本の登場人物」として宮澤さん、池田さん、「修身」で育った元愛国少女のお徳さん等が登場。それも似顔絵（少なくとも池田会員は酷似）と、紹介文つきである。本学会員の「池田さん」の紹介文は「この本の著者。教育学の大学教員。冷静・合理的だが、猫のことになると感情的になる」とある。「池田さん」をはじめとする「登場人物」たちは、要所ごとに現われては疑問や意見、あるいは怒りなどを表明する。また、ポイントごとに提示される四コマ漫画では、編著者の伝えたいことが凝縮されて表現されている。

さて、そろそろ内容について述べないといけない。本書は、2015年に編著者の一人である宮澤氏により立ち上げられた「道徳の教科化を考える会」における議論を基盤とした中間報告として位置づけられるものであり、（小学校において）2018年度から始まる道徳の教科化に対する道しるべとなることを期して出版されたものである（本書出版は、小学校における教科化直前の2018年1月）。そして、「はじめに」において課題が端的に提示された後、「現状分析編」「授業実践編」「理論編」、そして「むすび」へと続き、「資料編」「おわりに」で締めくくられる構成となっており、道徳の教科化に対する批判的な分析と、具体的な実践方法についての紹介が丁寧になされている。以下に目次を記す。

はじめに
　この本の登場人物（似顔絵、紹介文つき）
第一部　現状分析編ー道徳の教科化にどう対応するか
　一道徳の授業をどう捉えるか
　二道徳の教科書をどう捉えるか
　三道徳の授業をどうデザインするかー「手品師」の実践を例にー
　四評価をどうするか
第二部　授業実践編　授業実践例と子どもの反応・分析
　【はじめに：授業実践例の読み方】
　一およげない　りすさん

二るっぺ、どうしたの
三ブラッドレーのせい求書
四同じ仲間だから
五ハクチョウの湖・瓢湖
六手品師
第三部　理論編　道徳の教科化の何が問題なのか
【はじめに：教科化前史と本書の課題】
一道徳の教科化の問題点
二道徳の教科化を支える権力観
むすび　道徳の教科化という「形式」のもつ権力性・暴力性
第四部　資料編
・小学校学習指導要領（平成二十七年三月）
・「特別の教科道徳」の指導方法・評価等について（報告・抜粋）
・道徳の内容の歴史
おわりに

第一部では、具体例と共に道徳的判断とは、それぞれの子どもを取り巻く様々な人間関係が「その時の状況」によりなされる判断であり、二度と同じ状況がないことが指摘され、道徳が科学になり得ないこと、したがって評価に馴染まないことが示されている。「一般化・体系化できない性質の内容がどうして教科書になるのか」と、問いが投げかけられると同時に、「特別の教科道徳」をあらゆる教科の基盤をなす教科と位置付けていることを、「学問の破壊」と論破する。

第二部では、教材を途中で切りながら議論し、最後まで読む「分断読み」の実践が紹介されている。編著者は、本来教材文を最後まで読ませない「中断読み」を推奨しているが、あえて「分断読み」の実践を提示することで、途中までユニークな意見を出していた子どもたちが、教科書の結論の提示により沈黙していく様子、換言すれば教科書に書かれている結論に向かって価値が一つに収束していく怖さを実感させる。

第三部「理論編」では、道徳の教科化についての問題点を「評価」の問題を中心としつつ明らかにし、加えてこのような道徳教育のあり方が世論から一定の支持を得ていることに関する考察がなされている。この理論編では、道徳の教科化の背景に、多くの人が犯罪やいじめといった問題を社会的な課題としてではなく、心の問題として捉え、子どもにたちにのみ変化を求めたことを指摘すると共に、道徳が孕む危険について様々な方向から論考がなされている。そして、「人々の内心を公的に問題にしうることの承認をとおして、人々の行動を規制し、考え方の方向性について一定の枠をはめ、管理を強め、民主的な社会・国家のあり方を否定する方向に少しずつ進んでいくのではないか」との危惧が表明される。さらに「日本の伝統・文化」を核とした規範がその内容となることは、グローバル化が進展する社会において価値の相対化や多様性の承認を基盤としながら、いかにして新しい価値をつくり出していくかが今日問われているにも拘らず、このような動的な発想が「特別の教科道徳」によって封じられていくのではないかと論じている。

他にも、課題となっている評価のあり方について、「価値を入れない評価を行う」方法など、子どもたちの考え方、内面を否定することなく評価欄に記載するヒントも満載である。本書を道しるべとしながら、2019年度から始まった中学校における実践も踏まえつつ、学校現場の課題についてさらに議論を発展させていけるのではないか。一点、「ブラッドレーのせい求書」に関しては、本書において、ネグレクトされている子どもがどう感じるかという問題や、「あるべき家族像」の押し付けに繋がる問題をめぐり見解が示されているが、さらに「母の愛は無償」という刷り込みがもたらす問題性にも触れて欲しかった。

「むすび」の最後は、「特別の教科としての道徳は、さまざまなキータームを配したレトリックでカモフラージュされているが、その本質は、価値の柔軟な生成過程、民主的な合意による関係性の構築という手続きを否定するところに着地するものである。これは、憲法の否定につながる」という言葉で締めくくられている。ずっしりと心に響くことばである、などと軽くまとめるわけにはいかないと思わされた。「内心の自由を侵害し、人権や権利の軽視につながっていくことで、最終的には、民主的な社会のあり方を崩壊させることになる」と、池田は指摘する。憲法の否定につながる以上、特別の教科道徳が内包する課題は、それを実践する教員、教育学や教職課程担当の大学教員、保護者だけでなく、憲法に守られている私たち全ての課題なのである。軽妙に、ただし深く鋭くその枢要な課題に気づかせる、広く手に取って頂きたい良書である。

[現代書館/2018年１月刊/定価1,500円＋税]

(公教育計画学会会員　専修大学)

英文摘要

Annual Bulletin of SPEP NO.11
Contemporary Challenges for Public Education Planning

Foreword By NAKAMURA Fumio

Special Papers 1 : School Staff Theory

"The busy-ness of school clerical staff" and the current state of prefectural schools in Iwate Prefecture
——Toward a method for finding a radical solution to the busy-ness of school staff
By KATO Tadashi

Teachers as seen from the perspective of a school counselor
By KUMAGAI Yuki

Special Papers 2 : Problems about the Higher Education of Japan

Present state and challenges of higher education policy
By OUCHI, Hirokazu

Symposium and Session of the 11 th General Conference at Kanazawa

Session Theme
Resistance to control reinforcement for the staff of a school
Symposium Theme
Towards a class and school without the national control

Free contribution thesis

New Perspectives in English Language Teaching through the Theoretical Framework of English as a Lingua Franca
——From the Notions of Plurilingualism and Pluriculturalism
By IGARASHI Takuji

Study Notes

Self-education movement for school refusal children
By KUSAKABE Rinko

The research meeting in Nagoya by The Society for Public Education Planning

Meeting Theme：Whereabouts with the Situation of Community and the Public Education

Statistics and Commentary (related to public education)

The Actual Situation and Consideration of Non-regular Faculty(5)
By TAKENAMI, Kenzo

Book Review

English Abstracts

Information about SPEP

Afterword By MOTOI, Ichiro

Special Papers 1 : School Staff Theory

"The busy-ness of school clerical staff" and the current state of prefectural schools in Iwate Prefecture
——Toward a method for finding a radical solution to the busy-ness of school staff

By KATO, Tadashi

Currently, "Teachers are busy" and "Working-style reforms" are the slogans being shouted out loud, and the government and the Ministry of Education are trying to solve the underlying problems. Under such a policy, some of the work of teachers is about to be passed on to the school clerical staff who work closely with teachers.

If you were to ask if school clerical staff are not busy, the answer would be no.

As is well known, school clerical staff are in charge of all the administrative work in every school. Therefore, school clerical staff are in a position that is severely affected by the impact of, and response to, changes in the various circumstances surrounding schools, including changes in the legal system of the national and local governments. In other words, it is the school clerical staff in the office who receive the new demands and policy policies required of the school and so are at thc forefront. To put it a bit more strongly, we have the job of having to deal first and foremost with students and schools, without having the time to shout out, "I' m busy", like a teacher.

Regarding the busy-ness of the clerical staff who support such schools on the front line, and regarding the two points that are currently characteristic of work in schools, handling My Number business and the increased proportion of part-time staff in schools, I mainly discuss in this paper the facts and associated problems.

Teachers as seen from the perspective of a school counselor

By KUMAGAI,Yuki

This paper discusses teachers as seen from the perspective of a school counselor. School counselors have come to be recognized and accepted by schools for their expertise. In line with this, expectations risen with regard to initiatives involving the mental health of teachers, in addition to the normal counseling activities. Underlying this is the issue of the time required, and psychological burdens faced by teachers. Issues surrounding children today are diversifying, with more flexible approach demanded of teachers. Furthermore, teachers find themselves placed in complex relationships with not only children but also the children's guardians, as well as with colleagues and Principal and head teachers. In particular, human relationships within the school can reduce stress if they function smoothly, but can become a strong source of stress when dysfunctional. The mental and physical stability of teachers is essential for the healthy mind growth of children. Mutual the supporting functions through human relationships within the school, that provide mental health support for teachers.

Special Papers 2 : Problems about the Higher Education of Japan

Present state and challenges of higher education policy

By OUCHI, Hirokazu

The "Act on Support for Study at Universities, etc.", which was approved by the ordinary Diet session in 2019, provides financial support for higher education to a certain extent, maintains the principle of beneficiary contributions, and strengthens control over higher education. Since 2013, student loans have become a major social issue, and solidarity between low-income and middle-income earners led to the introduction of a scholarship system in 2017. The aim of the "Act on Support for Study at Universities, etc." is to maintain the structure of the beneficiaries' burden by breaking away from the solidarity between the low and middle income groups that had supported the movement to improve the scholarship system since 2013. In order to change the current higher education policy, it is necessary to link the shift from beneficiaries' payment to free tuition and the realization of "academic freedom".

Free contribution thesis

New Perspectives in English Language Teaching through the Theoretical Framework of English as a Lingua Franca

――From the Notions of Plurilingualism and Pluriculturalism

By IGARASHI,Takuji

The purpose of this paper is to explore some of the potentials of (1) more authentic English language teaching (ELT), and (2) innovative teacher education for pre- and in-service English teachers in which perspectives and issues related to English as a lingua franca (ELF) are incorporated. In order to further and elaborate discussion, I investigate how valuable insights concerning the notions of plurilingualism and pluriculturalism could be applied to the educational settings in Japan. To conclude, integration of an ELF-aware and plurilingual and pluricultural approach to professional development would prompt Japanese teachers of English to consider critically how ELF is used in a global context and reflect on their beliefs and practices. A reflective practice based on sociocultural theory would also help to transform the existing assumptions of their philosophy or practices associated with monolingualism or native-speakerism into new perspectives of ELT. Such an innovative approach to teacher education would allow for raising students' awareness of ELF usage, purpose, and communication strategies. Given the fact that society is becoming increasingly multilingual and multicultural, one implication would be that we should construct a holistic view of ELT inspired by plurilingualism and pluriculturalism, rather than focus on a narrow perception of instrumentalist perspectives.

Study Notes

Self-education movement for school refusal children

By KUSAKABE Rinko

The purpose of this paper is to clarify the significance of initiatives by "school refusal children" from the viewpoint of the self-education movement. The notes of 97 children who had attended Tokyo Shure from around 1985 to around 2014 were analyzed from three standpoints: firstly, "encounters with peers", secondly, "the deepening of social awareness", and thirdly, "bringing up in society".

As a result, the following became clear. The first result is that the school refusal children who had attended Tokyo Shure regained confidence through encounters with their peers. The second is that they engaged in learning activities based on encounters with their peers and gained a deep social awareness in so doing. The third result is that they have been bringing up them in society.

学会動向・学会関係記事

公教育計画学会動向

《2019年 6 月～2020年 5 月》

2019年 6 月15・16日	第11回大会（於：石川勤労者福祉文化会館） 理事会
2019年 9 月28日	第 1 回公教育計画学会教育行財政部会開催
2019年11月17日	「教員間の暴力・いじめ行為」に対する神戸市当局の拙速な対応を批判する（理事会声明）
2019年12月23日	公教育計画学会ニューズレター（臨時号）刊行
2020年 1 月25日	第 2 回公教育計画学会教育行財政部会開催
2020年 2 月25日	研究集会（ 2 月29日於：専修大学）の開催について新型コロナ感染症拡大の状況を勘案し中止を決定
2020年 2 月29日	新型コロナウイルス感染期の全国一斉休校政策に反対する（理事会緊急声明）
2020年 3 月24日	障害のある子どもの小学校就学を拒否した横浜地裁判決を批判する（理事会声明）
2020年 4 月 9 日	第12回大会（ 6 月13・14日於：関西大学）の開催に関して、新型コロナウイルス感染症拡大、とりわけ全国を対象とした緊急事態宣言の発出、さらに開催予定施設の使用制限などを勘案して中止を決定
2020年 5 月12日	「 9 月入学・新学期制」導入の議論を急ぐ必要は無い（理事会声明）

（文責・公教育計画学会事務局）

公教育計画学会会則

（名称）

第１条　本学会は、公教育計画学会（The Society for Public Education Planning）という。

（目的）

第２条　本学会は、学問・研究の自由を尊重し、公教育計画に関する理論的、実践的研究の発展に寄与するとともに、教育政策及び行政施策の提言を積極的に行うことを目的とする。

（事業）

第３条　本学会は、前条の目的を達成するため、次の各号の事業を行う。

一　大会や研究集会等の研究活動の推進

二　政策提言活動等の推進

三　学会誌、学会ニュース、その他の出版物の編集・刊行

四　その他、本学会の目的を達成するために必要な事業

（会員）

第４条　本学会の会員は、本学会の目的に賛同し、公教育計画又はこれに関係のある理論的、実践的研究に従事する者あるいは公教育計画研究に関心を有する者で、理事の推薦を受けた者とする。

２　会員は、会費を納めなければならない。

（役員及び職務）

第５条　本学会の事業を運営するために次の各号の役員をおく。

一	会長	１名
二	副会長	１名
三	理事	20名以内
三	常任理事	若干名
四	監査	２名

２　会長は本学会を代表し、理事会を主宰する。会長に事故ある時は、副会長がその職務を代行する。

（役員の選挙及び任期）

第６条　理事は会員の投票により会員から選出される。

２　会長は理事の互選により選出し、総会の承認を受ける。

３　副会長及び常任理事は、会長が理事の中から選任し、理事会の承認を受け、総会に報告する。

４　監査は会長が理事以外の会員より推薦し、総会の承認を受けて委嘱する。監査は、会計監査を行い、その結果を総会に報告するものとする。

５　役員の任期は３年とし、再選を妨げない。ただし、会長は２期を限度とする。

（事務局）

第７条　本学会に事務局をおく。

２　本学会の事務を遂行するため、事務局長１名、幹事若干名をおく。

３　事務局長は理事のなかから理事会が選任する。

4　幹事は理事会が選任する。

(総会)

第８条　総会は会員をもって構成し、本学会の事業及び運営に関する重要事項を審議決定する。

2　定例総会は毎年１回開催し、会長が召集する。

(会計)

第９条　本学会の経費は会費、入会金、寄附金、その他の収入をもって充てる。

2　会費（学会誌購読費を含む）は年間5,000円（学生・院生は3,000円）とする。

3　入会金は2,000円とする。

4　本学会の会計年度は４月１日から翌年３月31日までとする。

(会則の改正)

第10条　本学会の改正には総会において出席会員の３分の２以上の賛成を必要とする。

第11条　本会則の実施に必要な規程は理事会が定める。

附則

1　本会則は2009年９月27日より施行する。

2　第４条の規定にかかわらず、本学会創立時の会員は理事の推薦を要しない。

3　第６条の規定にかかわらず、本学会創立時の理事は総会で選出する。

公教育計画学会会長・理事選出規程

(目的)

第１条　本規程は、公教育計画学会会則第６条に基づき、本学会の会長及び理事の選出方法について定める。

(理事の定数)

第２条　理事定数は20名以内とし、全国１区とする。

(会長及び理事の選出方法)

第３条　理事に立候補しようとする会員は、公示された立候補受付期間中に、定めた立候補届出用紙に必要事項を記入し、選挙管理委員長に提出しなければならない。

2　選挙管理委員長は、候補者受付期間に届け出のあった候補者の氏名を会員に公示しなければならない。

第４条　理事の選出は会員の無記名投票（連記式）により行う。ただし、定数以下の連記も有効とする。

2　理事当選者は票数順とし、同順位の場合は選挙管理委員会の行う抽選により決定する。

(理事の任期)

第５条　理事の任期は理事選出直後の定期大会終了の翌日より３年後の大会終了までとする。

(選挙管理委員会)

第６条　第３条に規程する理事選出事務を執行するため、会長は会員中より選挙管理員会の委員２名を指名する。

2　選挙管理委員会は互選により委員長を決定する。

(選挙権者及び被選挙権者の確定等)

第7条　事務局長は、常任理事会の承認を受けて、理事選出の選挙権者及び被選挙権者（ともに投票前年度までの会費を選挙管理員会設置当日までに納めている者）の名簿を調製しなければならない。

2　事務局長は、選挙管理委員会の承認を受けて、選挙説明書その他必要な文書を配布することができる。

(細則の委任)

第8条　本学会の理事選出に関する細則は、理事会の定めるところによる。

附則

1　この規程は、2009年9月27日より施行する。

2　この規定は、2012年2月19日に改定し、施行する。

公教育計画学会　年報編集委員会規程

第1条　公教育計画学会年報編集委員会は、学会誌「公教育計画研究」の編集及び発行に関する事務を行う。

第2条　当該委員は、理事会が会員の中から選出する。

2　委員の定数は、7名以内とし、うち過半数は理事から選出する。

3　委員長は、理事会の理事の中から選出する。

4　委員会の互選により委員長1名、副委員長1名及び常任委員を若干名選出する。

5　委員長、副委員長及び常任委員は、常任編集委員会を構成し、常時、編集実務に当たる。

第3条　委員の任期は3年とし、交替時期は毎年の総会時とする。

第4条　委員会は、毎年1回以上会議を開き、編集方針その他について協議するものとする。

第5条　編集に関する規定及び投稿に関する要領は別に定める。

第6条　編集及び頒布にかかわる会計は、本学会事務局において処理し、理事会及び総会の承認を求めるものとする。

第7条　委員会は、その事務を担当する幹事若干名を置くことができる。幹事は、委員会の議を経て委員長が委嘱する。

第8条　委員会は事務局に置く。

附則

1　この規程は2009年9月27日により施行する。

2　この規程は2011年6月12日に改定し、施行する。

公教育計画学会年報編集規程

1　公教育計画研究（以下、年報という）は、公教育計画学会の機関誌であり、原則として年1回発行する。

2　年報は、本学会員の研究論文、評論、書評、資料、学会記事、その他の会員の研究活動に関する記事を編集・掲載する。

3　年報に論文等を投稿しようとする会員は、投稿・執筆要領に従い、その年度の編集委員会事務局に送付するものとする。

4　投稿原稿の採否は編集委員会の会議で決定する。その場合、編集委員会以外の会員に論文の審査を依頼することができる。

5　掲載予定原稿について、編集員会は若干の変更を行うことができる。ただし内容の変更の場合は執筆者との協議による。

6　編集委員会は、特定の個人又は団体に原稿を依頼することができる。

7　原稿は原則として返還しない。

8　写真・図版等での特定の費用を要する場合、執筆者の負担とすることができる。

9　その他執筆及び構成については執筆要領を確認すること。

10　抜き刷りについては各自の責任で校正時に直接出版社と交渉すること。

公教育計画学会年報投稿要領

1　投稿者の資格

本学会会員に限る。

2　投稿手続き

（1）投稿申し込み時期は原則として10月末日とする。ただし、投稿申し込みの方法及び日程については、その年度ごとの会報および学会HPに詳細に掲載する。

（2）論文送付に関しては、オリジナル原稿及びそのコピー１部を送付する。なお、原稿をデジタル化して送付する場合には、コピーを送付する必要はない。投稿者は、オリジナル原稿を必ず保存しておくこと。

（3）論文の送付等にあたっては、次のものを必ず添付する。

所属、氏名（ふりがな)、連絡先住所、電話番号・FAX番号、E-mailアドレス、ただし、氏名に関しては、和文・英文両方を併記すること。

3　原稿締め切り

原稿の種類により締め切りは異なる。

（1）投稿論文、公教育計画研究レポート及び研究ノートは、原則、1月10日。ただし、各年度の会報及び学会HP上にて詳細は、明示する。

（2）上記以外の原稿については、別途指定する。

いずれの原稿も、指定された期限までに学会事務局あるいは年報編集委員会まで必着とする。

公教育計画学会年報執筆要領

1　投稿論文等（投稿論文、公教育計画研究レポート、依頼原稿）の枚数など

（1）投稿論文は、横書き、35字×32行のフォームで16枚以内とする。

（2）公教育計画研究レポートおよび研究ノートは、横書き、35字×32行の書式で10～14枚以内を原則とする。

（3）特集論文などの依頼論文などについては、編集委員会の判断を経て論文枚数

など別途指定し、通知する。

2　投稿論文等の提出時には、本文以外につける諸項目

（1）論文表題、氏名、所属

（2）論文要旨（和文400字以内）

（3）表題、氏名の英文表記と論文要旨の英訳（200語程度）

3　本文については、節、項、目、例、図表等は、番号または適当な表題を付ける。

注および引用文献は、体裁を整えて、文末に一括して併記する。図表等については、通し番号を付けて、文章中に挿入する位置をオリジナル原稿の右隅に、通し番号を付記して明示する。表組資料などは、オリジナルデータを論文と同時に送付する。

引用文献、参考文献の表記は以下を参考に作成する。

（1）論文の場合―著者名、論文名、掲載雑誌名等、巻、号、発行年、頁の順で表記。

（2）単行本の場合―著者名、書名、発行所、発行年、頁の順で表記。

（3）webサイトからの引用は、URL の他に引用・参照時の年月日および作成者名（著作権者）を付記。

4　校正について

（1）著者校正は初校のみとする。

（2）校正は最小限度の字句、数字の修正にとどめる。

5　その他

執筆に関する事項について不明な点などがある場合には、その年度の編集委員会に問い合わせること。

公教育計画学会申し合わせ事項

Ⅰ　会費納入に関する申し合わせ

1　会員は、当該年度の大会開催時までに当該年度会費を納入するものとする。

2　大会における自由研究発表及び課題研究等の発表者は、当該年度までの会費を完納するものとする。

3　会長及び理事選挙における有権者または被選挙権者は、選挙前年度までの会費を前年度末までに完納している会員でなければならない。

Ⅱ　長期会費未納会員に関する申し合わせ

1　会費未納者に対しては、その未納会費の年度に対応する年報を送らない。

2　会費が3年以上未納となっている会員は、次の手順により退会したものとみなす。

Ⅲ　未納3年目の会計年度終了に先立つ相当な期間と学会事務局が認めた時期において、当該会費未納会員に対し、相当の期間を定めて、会費未納状況を解消することを催告し、かつ期限内に納入されない場合には退会したものとして取り扱う。

Ⅳ　学会事務局は、全校督促期間内に会費を納入しなかった会員の名簿を調整し、理事会の議を経て退会を決定する。

公教育計画学会第４期役員一覧（2018年６月～2021年６月）

会　長　　中村　文夫
副会長　　元井　一郎（10周年記念事業担当）
理　事　　相庭　和彦
　　　　　池田　賢市
　　　　　石川多加子
　　　　　一木　玲子
　　　　　大橋　保明
　　　　　加藤　　忠
　　　　　国祐　道広
　　　　　小泉　祥一
　　　　　住友　　剛
　　　　　田口　康明（年報編集委員長）
　　　　　戸倉　信昭（事務局長）
　　　　　中西　綾子
　　　　　広瀬　義徳（事務局次長）
　　　　　福山　文子
　　　　　堀　　智晴
　　　　　堀　　正嗣
　　　　　宮寄　晃臣
　　　　　矢吹　芳洋
　　　　　　※理事は全員常任理事を兼ねる。

監　査　　戸張　　治
　　　　　山口　伸枝
幹　事　　五十嵐卓司
　　　　　清水みどり
　　　　　平野　正志
　　　　　古市　　恵
　　　　　山城　直美

第４期年報編集委員会委員一覧

委員長　　田口　康明
　　　　　相庭　和彦
　　　　　石川多加子
　　　　　武波　謙三
　　　　　福山　文子
　　　　　元井　一郎
　　　　　森田　司郎

英文校閲　Robin E. Sowden

編集後記

周知のように、新型コロナ感染症（COVID 19）の拡大は、コロナ禍と呼称されるように現代社会の様々な矛盾を改めて顕在化させたように思います。そして公教育体制に関してもその例外ではなく、これまでの様々な教育における矛盾や課題を露呈することになっています。私たちは、眼前の問題への対応だけでなく、こうしたコロナ禍後の社会と教育のあり様を見据えた議論も始めなければならないようにも考えています。

ところで、第11号では、公教育計画という議論に関わり現実の理論的諸問題を改めて問うことを前提に、特集を初めて二つ設定することにしました。一つは、教職員論です。これまでの教職員論とは異なり学校現場で働く教員以外の職員から教育職員の職務や労働をどのように捉えるのかという視点からの特集です。二つは、高等教育で論高等教育をどのように捉えるのかという視点から政策の現在を捉えようとする特集です。特に公教育計画にかかわる政策動向を全体として捉えるには高等教育に関わる動向についての議論は極めて重要な視点だとも考えたからです。今回の二つの特集で対象とした論点は、今後の公教育計画に関わりさらに深化すべき内容であると考えています。さらに理論的な検討や論点整理を通して議論を進めていきたいとも考えています。

また、今回の年報では、投稿論文の応募数も多く、年報編集者としてはうれしい状況となりました。是非とも、これからも投稿論文の応募をよろしくお願いします。また、本年報では書評・書誌紹介に関しても、会員の著書を5本も対象としたことは編集委員としては、大変嬉しく思いました。今後とも、会員の皆におかれましては、著作の刊行等がありましたら、是非、学会事務局等にご連絡をしていただきたく思います。

学会会員におかれましては、今後とも年報編集委員会へのご協力等を切にお願い申し上げます。年報編集に関しては、めまぐるしく変容する政策や施策への理論的分析や対応策を構築のための学会会員の情報交換の場として年報を活用できるような紙面編集を追求していきたく考えています。会員各位におかれても是非、今まで以上に年報を身近なものとして活用いただき、本学会の様々な研究・実践の交流を促進していく手段としても活用いただければと思います。

公教育計画学会年報編集委員　元井一郎

公教育計画研究 11
［公教育計画学会年報　第11号］
公教育計画の現代的諸課題

発行日　2020年 7 月27日
編　集　公教育計画学会年報編集委員会

発行者　公教育計画学会
学会事務局　教育行財政研究所
〒330-0044　さいたま市浦和区瀬ケ崎4-23-15
発売所　株式会社八月書館
〒113-0033　東京都文京区本郷 2 - 16 - 12 ストーク森山302
TEL 03-3815-0672　FAX 03-3815-0642
振替 00170-2-34062

印刷所　創栄図書印刷株式会社

ISBN978-4-909269-12-6　　定価はカバーに表示してあります